Sinfonia degli insetti: Una guida completa alla macrofotografia degli insetti

Paul Parent 2024-2025

Edizione Photolator – Photolator.com

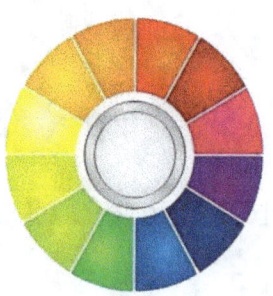

Nessun insetto è stato utilizzato come arma nella realizzazione delle fotografie di questo libro.

Edizione Photolator – Photolator.com

DEDIZIONE

A tutti i curiosi e agli amanti della natura,

Questo libro è un sentito omaggio al mondo degli insetti, spesso trascurato ma incredibilmente affascinante. Attraverso l'obiettivo della mia macchina fotografica, ho intrapreso un viaggio alla scoperta, catturando l'affascinante bellezza e gli intricati dettagli di queste piccole creature.

Ad ogni clic dell'otturatore venivo trascinato in un mondo meraviglioso, un mondo che esiste proprio sotto i nostri piedi, ma rimane in gran parte inesplorato. Attraverso le pagine di questo libro, ti invito a unirti a me in questa affascinante spedizione, dove il più piccolo degli esseri rivela il più grande degli spettacoli.

Al regno degli insetti, la cui diversità non conosce limiti e la cui resilienza ispira tutti noi, dedico questa raccolta di macrofotografie. Possano queste immagini suscitare una scintilla di curiosità, apprezzamento e una nuova comprensione della complessa rete della vita che ci circonda.

Possa questo libro ricordarci che la bellezza può essere trovata nei luoghi più inaspettati e che osservando e preservando le creature più piccole possiamo apprezzare meglio la magnificenza del nostro mondo naturale condiviso.

Con la più grande gratitudine e meraviglia,

Paolo Parent, fgr

Edizione Photolator – Photolator.com

CONTENUTO

celebrazione delle piccole meraviglie della natura

- Considerazioni finali e incoraggiamento

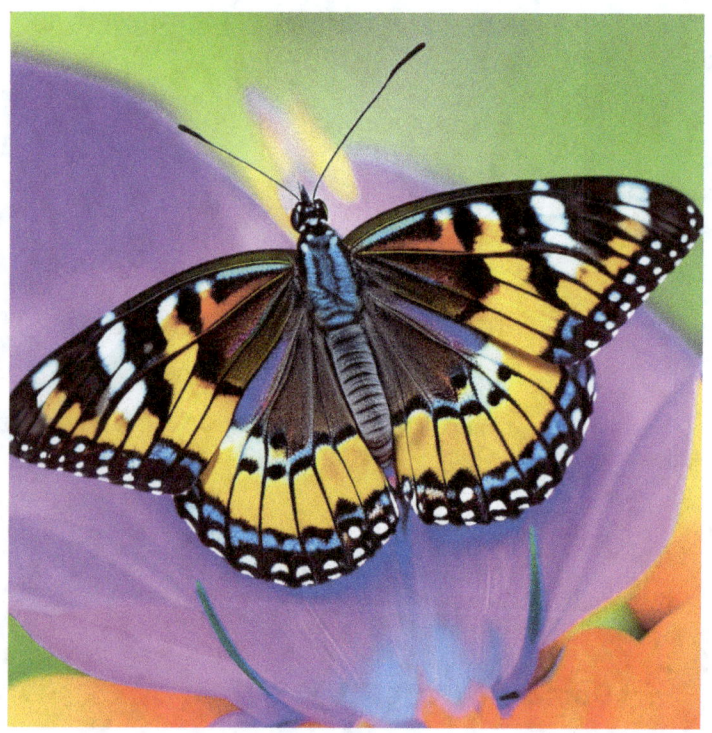

GRAZIE

Sono profondamente grato alla Royal Canadian Geographical Society (RCGS) e alla Royal Geographical Society del Regno Unito (RGS) per il loro costante sostegno e incoraggiamento durante tutta la creazione di questo libro.

La loro dedizione alla promozione dell'esplorazione geografica e della comprensione scientifica ha contribuito a promuovere un più profondo apprezzamento del mondo naturale.

Estendo i miei sinceri ringraziamenti a Nikon NPS (Nikon Professional Services) per il loro prezioso contributo a questo progetto. Le loro attrezzature all'avanguardia e la loro competenza tecnica sono state essenziali per catturare i dettagli intricati e l'affascinante bellezza del mondo degli insetti attraverso la macrofotografia.

Inoltre, desidero esprimere la mia sincera gratitudine agli innumerevoli entomologi, biologi e naturalisti la cui passione permanente e i cui sforzi instancabili hanno arricchito la nostra comprensione degli insetti. La loro ricerca innovativa e la volontà di condividere le loro conoscenze sono state determinanti nello sviluppo di questo libro.

Sono in debito con mia figlia Emilie e mia moglie Catherine per il loro incrollabile sostegno e comprensione durante le innumerevoli ore trascorse sul campo e dietro l'obiettivo.
Il loro amore e il loro incoraggiamento sono stati la mia luce guida durante questo straordinario viaggio.

Infine, vorrei ringraziare gli innumerevoli insetti che, senza saperlo, sono serviti come soggetti per le mie fotografie.

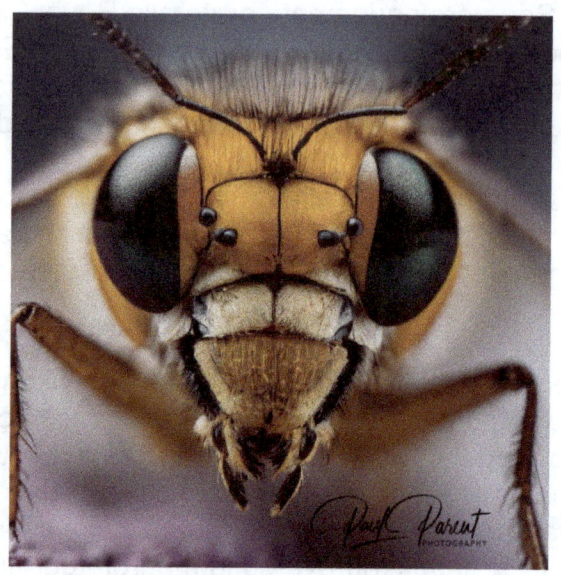

Attraverso le loro forme delicate e diverse, ispirano un senso più profondo di meraviglia e rispetto per il mondo naturale.

A tutti coloro che hanno contribuito, grandi o piccoli, i vostri sforzi collettivi hanno reso possibile questo libro.

Grazie per aver preso parte a questo sforzo per celebrare l'affascinante campo della macrofotografia degli insetti.

Con profonda gratitudine,

Paolo Parent, fgr

1. INTRODUZIONE

Perché la macrofotografia degli insetti?

Ti sei mai preso il tempo per ammirare le complessità del mondo naturale? Dai paesaggi grandiosi alle creature più piccole, il nostro pianeta è pieno di bellezza mozzafiato e meraviglie nascoste che aspettano solo di essere scoperte. Una di queste aree di fascino risiede nel regno degli insetti. Queste minuscole creature, spesso trascurate o addirittura ignorate, possiedono un fascino incantevole che affascina i cuori e gli obiettivi dei fotografi di tutto il mondo. Benvenuti nel mondo della macrofotografia degli insetti!

La macrofotografia degli insetti è una nicchia accattivante che offre una prospettiva unica sulla sorprendente diversità e complessità del regno degli insetti. Attraverso l'obiettivo di un fotografo macro, i piccoli dettagli e le delicate caratteristiche degli insetti vengono rivelati con sorprendente chiarezza, svelando un universo affascinante che esiste appena oltre la nostra percezione. Ogni delicato disegno delle ali, ogni antenna dal design intricato e la vivace tavolozza dei colori raccontano una storia di adattamento, sopravvivenza ed evoluzione.

Allora perché dovresti addentrarti nell'entusiasmante mondo della macrofotografia degli insetti? Ecco alcuni motivi convincenti:

1. Svela la bellezza nascosta: la macrofotografia degli insetti ti consente di testimoniare la bellezza mozzafiato che spesso passa inosservata. Attraverso il tuo obiettivo scoprirai i dettagli intricati dell'anatomia di un insetto, rivelando motivi e trame spesso invisibili a occhio nudo. Ogni fotografia diventa un'opera d'arte, mostrando le meraviglie uniche del mondo in miniatura.

2.   Esplorare un ecosistema nascosto: gli insetti abitano quasi ogni angolo della Terra e sono una parte essenziale del nostro ecosistema. Catturando queste minuscole creature nei loro habitat naturali, diventerai un esploratore, documentandone il comportamento, le interazioni e l'importanza ecologica.

Attraverso le tue fotografie puoi far luce sul delicato equilibrio della natura e sull'interdipendenza delle specie.

3.   Sfida e sviluppa le tue abilità: la macrofotografia di insetti è un genere impegnativo e gratificante che spinge i limiti delle tue capacità tecniche e artistiche. Richiede pazienza, attenzione ai dettagli e un occhio attento alla composizione.
Mentre ti sforzi di catturare la foto perfetta, svilupperai nuove tecniche, scoprirai l'illuminazione, la profondità di campo e le complesse sfumature della macrofotografia.

4.   Incoraggia la conservazione e l'apprezzamento: mettendo in mostra la straordinaria bellezza degli insetti, puoi ispirare gli altri ad apprezzare e conservare queste creature vitali. Attraverso le tue fotografie, hai il potere di cambiare le percezioni, favorire la comprensione e aumentare la consapevolezza dell'importanza della conservazione degli insetti.
Il tuo obiettivo diventa la voce di chi non ha voce, difendendo la loro causa e implorando la loro protezione.

Intraprenderemo un emozionante viaggio nel mondo degli insetti attraverso l'obiettivo di un fotografo macro. Esploreremo le tecniche, le attrezzature e gli approcci essenziali per catturare straordinarie fotografie macro di insetti. Dalle sfide relative all'illuminazione alle considerazioni etiche, esploreremo le complessità di questo genere unico, fornendoti la conoscenza e l'ispirazione per intraprendere la tua avventura di macrofotografia di insetti.

Quindi, prendi la tua macchina fotografica, sii paziente e curioso e unisciti a noi mentre sveliamo la sinfonia nascosta degli insetti attraverso l'arte accattivante della macrofotografia.

Preparati a testimoniare l'incanto del mondo in miniatura e scopri la straordinaria bellezza nascosta in ogni delicato battito d'ali e passo delicato. Che la sinfonia degli insetti abbia inizio!

Comprendere l'affascinante mondo degli insetti

Il mondo degli insetti è un regno affascinante e diversificato che racchiude innumerevoli meraviglie e segreti.

Con oltre un milione di specie conosciute, gli insetti rappresentano il gruppo di animali più numeroso e diversificato del nostro pianeta.

Dai vivaci formicai alle delicate ali delle farfalle, queste minuscole creature svolgono un ruolo cruciale nei nostri ecosistemi e affascinano gli esseri umani da secoli. Immergiamoci nell'incantevole mondo degli insetti ed esploriamo le loro straordinarie caratteristiche e importanza.

Uno degli aspetti più impressionanti degli insetti è la loro incredibile diversità. Sono disponibili in una gamma di forme, dimensioni e colori, esibendo notevoli adattamenti per la sopravvivenza.

Dalla delicata bellezza delle farfalle agli esoscheletri corazzati degli scarabei, ogni specie di insetti ha il suo insieme unico di caratteristiche finemente adattate alla sua nicchia ecologica. Alcuni insetti hanno sviluppato complesse tecniche di mimetizzazione, fondendosi perfettamente con l'ambiente circostante, mentre altri possiedono motivi e colori vivaci che fungono da segnali di avvertimento o attirano i compagni.

Gli insetti riescono a colonizzare praticamente ogni habitat sulla Terra. Si trovano nelle profondità degli oceani, nelle montagne e persino nelle fessure dei marciapiedi delle città.

La loro adattabilità e resilienza hanno permesso loro di prosperare in una moltitudine di ambienti, spesso surclassando altri organismi. Gli insetti sono componenti essenziali degli ecosistemi terrestri e d'acqua dolce, poiché svolgono un ruolo essenziale nell'impollinazione, nella decomposizione e nel riciclaggio dei nutrienti. Sono anche una fonte di cibo essenziale per molti animali, inclusi uccelli, rettili e mammiferi.

La complessità del comportamento degli insetti è un altro aspetto affascinante del loro mondo. Le società degli insetti, come quelle delle formiche, delle termiti e delle api, dimostrano notevoli livelli di organizzazione e cooperazione. Svilupparono complessi sistemi di comunicazione, divisione del lavoro e persino strategie di guerra.

Le colonie di formiche, ad esempio, sono caratterizzate da strutture altamente organizzate con diverse caste assegnate a compiti specifici, che vanno dal foraggiamento e difesa della colonia alla cura dei piccoli.

Gli insetti sociali mostrano il potere dello sforzo collettivo e dimostrano un livello di cooperazione che rivaleggia con molte società umane.

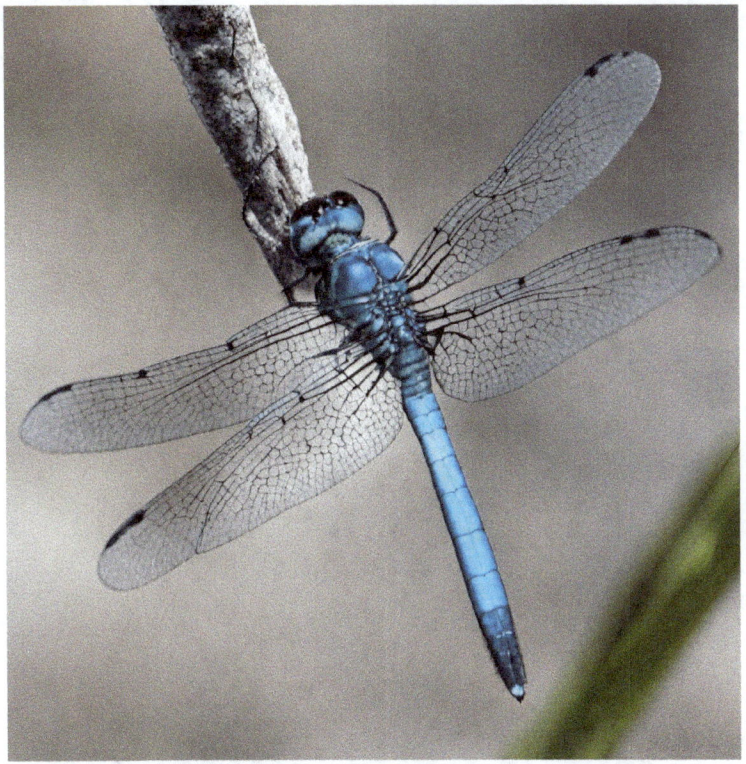

Oltre alla loro importanza ecologica, gli insetti influenzano anche la cultura umana e sono strettamente legati alla nostra storia da millenni.

In molte civiltà antiche, gli insetti avevano un significato simbolico ed erano venerati come creature divine.

Sono stati raffigurati in opere d'arte, utilizzati nei rituali religiosi e presenti nei miti e nel folklore. Gli insetti hanno anche ispirato invenzioni umane e progressi tecnologici.

Lo studio del volo degli insetti, ad esempio, ha contribuito allo sviluppo della tecnologia aeronautica, mentre la struttura delle ali delle farfalle ha ispirato nuovi approcci ai materiali leggeri.

Titolo: Dall'alto

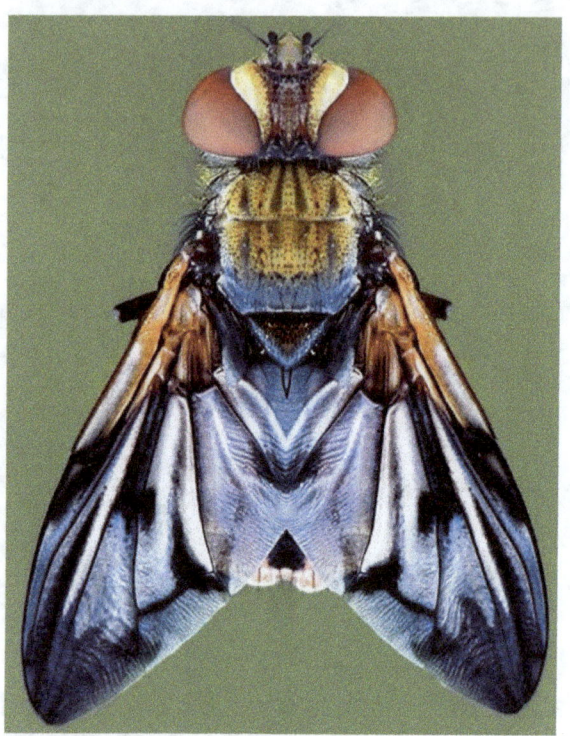

Credito fotografico: Paul Parent, frgs

200 macro f 4, ISO 400, 1/2000, bilanciamento del bianco manuale, contrasto elevato

Pubblicato *tra gli altri su* Caters News, Betterphoto.com, Twitter, Instagram, Facebook.

Nonostante il loro immenso valore, gli insetti oggi devono affrontare molte sfide. La perdita di habitat, l'inquinamento, il cambiamento climatico e l'uso di pesticidi rappresentano minacce significative per le loro popolazioni in tutto il mondo.

Il declino degli impollinatori, come le api, solleva preoccupazioni sul futuro della produzione alimentare e sulla conservazione della biodiversità. Riconoscere l'importanza degli insetti e attuare misure di conservazione è fondamentale per salvaguardare il loro delicato equilibrio negli ecosistemi e garantire il benessere del nostro pianeta.

In conclusione, il mondo degli insetti è un arazzo incantevole e complesso che merita la nostra attenzione e il nostro apprezzamento. Dalla loro notevole diversità ai loro comportamenti complessi e ruoli ecologici, gli insetti sono una parte essenziale del nostro mondo naturale. Esplorare e comprendere il loro affascinante mondo ci permette di intravedere le meraviglie della natura e rafforza l'importanza degli sforzi di conservazione per proteggere queste delicate creature.

Abbracciamo le meraviglie del mondo degli insetti e lavoriamo per un futuro sostenibile che custodisca e salvaguardi il loro prezioso contributo.

In tutto il libro ci saranno fotografie e illustrazioni accattivanti per ispirare e guidare i lettori nel loro viaggio nella macrofotografia degli insetti.

Inoltre, saranno inclusi suggerimenti pratici e spiegazioni tecniche per fornire una prospettiva completa.

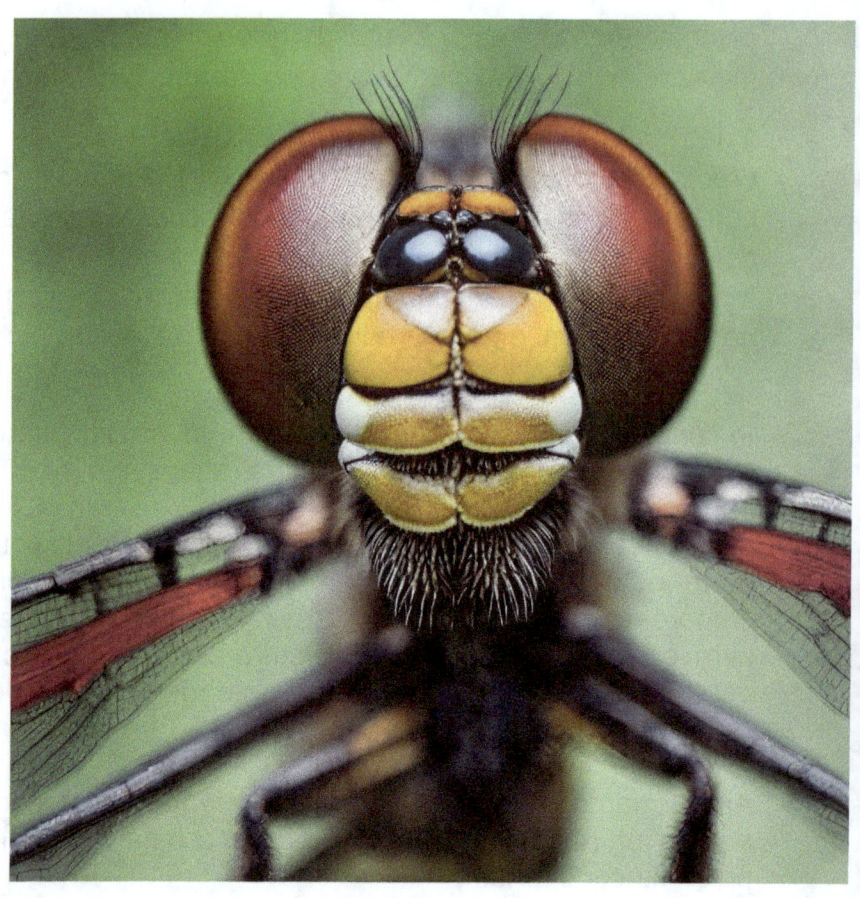

2 INIZIARE CON LA MACROFOTOGRAFIA DEGLI INSETTI

Attrezzatura e attrezzatura essenziali per la fotografia macro di insetti

La macrofotografia degli insetti è un genere affascinante e stimolante che ci consente di esplorare gli intricati dettagli del mondo in miniatura. Catturare la bellezza e la complessità degli insetti richiede attrezzature e attrezzature specializzate per ottenere i risultati desiderati. Che tu sia un principiante o un fotografo esperto, avere gli strumenti giusti può fare una differenza significativa. Ecco alcuni consigli essenziali sugli attrezzi e sulle attrezzature per la macrofotografia degli insetti.

1.   Obiettivo macro: l'attrezzatura più importante per la fotografia macro di insetti è un obiettivo macro dedicato . Un obiettivo macro ti consente di mettere a fuoco da vicino e catturare i dettagli più fini con una chiarezza eccezionale. Cerca un obiettivo con un rapporto di ingrandimento di 1: 1 o superiore per ottenere vere funzionalità macro. Le lunghezze focali più diffuse per gli obiettivi macro vanno da 90 mm a 105 mm, fornendo una distanza di lavoro confortevole tra te e il soggetto.

2.   Treppiede: lavorare con soggetti di piccole dimensioni richiede precisione e stabilità e un treppiede robusto è essenziale per la fotografia macro di insetti. Cerca un treppiede leggero ma abbastanza robusto da supportare la combinazione di fotocamera e obiettivo.

Treppiedi con gambe flessibili o treppiedi specifici per macro con altezza e angoli regolabili possono essere particolarmente utili quando si riprendono composizioni ad angolo basso.

3.   Flash o luce anulare: l'illuminazione gioca un ruolo cruciale nella fotografia macro, soprattutto quando si scatta in ambienti naturali. Un flash macro dedicato o una luce anulare aiutano a illuminare il soggetto e riducono le ombre e la sfocatura causate dai movimenti delle mani o dalle profondità di campo.

Prendi in considerazione l'utilizzo di un sistema flash wireless per ottenere configurazioni di illuminazione più creative ed eliminare le ombre dure.

5.   Diffusori e riflettori: per ottenere un'illuminazione morbida e diffusa e ridurre al minimo l'abbagliamento o i riflessi forti, prendere in considerazione l'utilizzo di diffusori e riflettori. Questi accessori possono essere utilizzati insieme al flash o a fonti di luce naturale per creare un'illuminazione più piacevole ed equilibrata. I diffusori aiutano ad ammorbidire e diffondere la luce, mentre i riflettori la riflettono sul soggetto per riempire le ombre.

6.   Guida di messa a fuoco: può essere difficile ottenere una messa a fuoco precisa ad ingrandimenti elevati. Una guida di messa a fuoco ti consente di apportare piccole regolazioni incrementali alla posizione della fotocamera per una messa a fuoco precisa.

Ciò è particolarmente utile quando si fotografano soggetti che richiedono una maggiore profondità di campo o quando si mette a fuoco impilando più immagini per aumentare la nitidezza dell'intero soggetto.

7. Scatto remoto: ridurre al minimo le vibrazioni della fotocamera è fondamentale nella fotografia macro, poiché anche il minimo movimento può provocare immagini sfocate. L'uso di un pulsante di scatto remoto o di un cavo di scatto aiuta a evitare di toccare la fotocamera e riduce il rischio di introdurre vibrazioni.

    In alternativa, puoi anche utilizzare la funzione autoscatto della fotocamera per attivare l'otturatore.

8. Studio da campo portatile: creare un ambiente controllato per la fotografia macro può essere utile, soprattutto quando si lavora con insetti delicati o facilmente disturbabili.
    Uno studio da campo portatile è costituito da una tenda pieghevole o da un recinto per la trasmissione che ti consente di controllare l'illuminazione e lo sfondo, fornendo un'impostazione controllata per i tuoi soggetti.

    Kit di pulizia: durante le riprese in natura, polvere, polline e altri detriti possono finire sulla tua attrezzatura.

9. Avere un kit di pulizia che include un soffiatore, un panno in microfibra e una soluzione per la pulizia delle lenti garantisce che la tua attrezzatura rimanga in condizioni ottimali e che le tue immagini siano prive di distrazioni indesiderate.

La chiave per una macrofotografia di insetti di successo non risiede solo nell'attrezzatura, ma anche nella pazienza, nell'osservazione e nella comprensione dei soggetti.

La pratica e la sperimentazione ti aiuteranno a sviluppare le tue abilità e a catturare immagini straordinarie dell'affascinante mondo degli insetti.

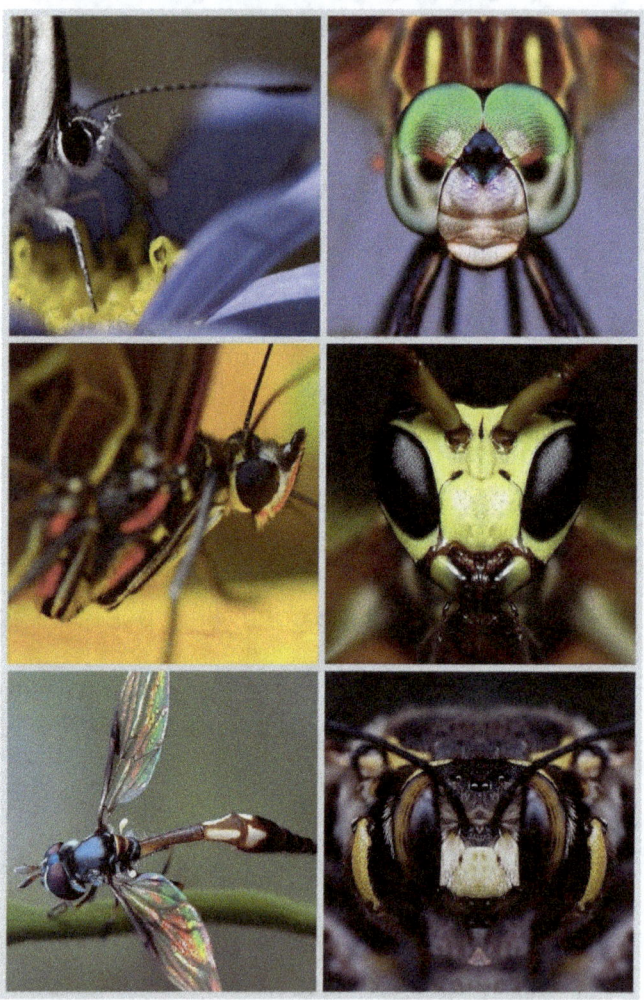

Titolo: Montaggio 1 – Macrofotografia di insetti

Scegliere la fotocamera e l'obiettivo giusti per la fotografia macro: una prospettiva Nikon

Quando si tratta di fotografia macro, Nikon offre una gamma di fotocamere e obiettivi ideali per catturare gli intricati dettagli del mondo in miniatura.

Per ottenere il massimo dai tuoi sforzi di fotografia macro, è importante scegliere la giusta combinazione di corpo macchina e obiettivo che soddisfi le tue esigenze specifiche. Ecco alcune considerazioni dal punto di vista di Nikon per aiutarti a prendere una decisione informata.

Corpo della fotocamera:

1.   Nikon D850: La Nikon D850 è una fotocamera DSLR full frame che combina immagini ad alta risoluzione con un'eccellente gamma dinamica. Con il suo sensore da 45,7 megapixel, il sistema di messa a fuoco automatica avanzato e la gamma ISO versatile, la D850 offre qualità e dettagli dell'immagine eccezionali. La sua struttura robusta e l'impermeabilità lo rendono adatto a varie condizioni di ripresa, inclusa la fotografia macro all'aperto.

2.   Serie Nikon Z: se preferisci un'opzione mirrorless, la serie Nikon Z è una fotocamera mirrorless full frame che offre qualità dell'immagine e prestazioni impressionanti. Alcuni modelli sono dotati di un sensore da 45,7 megapixel, stabilizzazione dell'immagine integrata e mirino elettronico ad alta risoluzione, la serie Z offre un'eccellente maneggevolezza e versatilità per la fotografia macro.

3.   Nikon D7500: per coloro che cercano un'opzione più economica senza compromettere le funzionalità, la Nikon D7500 è una fotocamera DSLR APS-C che raggiunge un ottimo equilibrio tra qualità dell'immagine e convenienza . È dotato di un sensore da 20,9 megapixel, un sistema di messa a fuoco automatica avanzato e un touchscreen inclinabile,

che lo rendono una scelta affidabile per gli appassionati di fotografia macro.

Macroobiettivi:

1. Nikon AF-S VR Micro-Nikkor 105mm f/2.8G IF-ED: questo obiettivo è una scelta popolare tra i fotografi macro per la sua eccezionale nitidezza e la versatile lunghezza focale. Offre un rapporto di ingrandimento 1: 1 , consentendoti di catturare dettagli complessi mantenendo una comoda distanza di lavoro dal soggetto. La riduzione vibrazioni (VR) integrata aiuta a stabilizzare l'immagine, riducendo il rischio di vibrazioni della fotocamera.

2. Nikon AF-S DX Micro-Nikkor 40mm f/2.8G: se utilizzi una fotocamera APS-C, questo obiettivo offre un'opzione economica pur fornendo un'eccellente qualità dell'immagine. Le sue dimensioni compatte e il design leggero lo rendono una scelta portatile per la fotografia macro in movimento. Con un rapporto di ingrandimento 1: 1 e un'apertura massima f/2.8 veloce, consente il controllo creativo sulla profondità di campo e immagini ravvicinate nitide.

3. Nikon AF-S VR Micro-Nikkor 60mm f/2.8G ED: questo obiettivo trova un equilibrio tra versatilità e portabilità. Con un rapporto di ingrandimento 1: 1 , è ideale per una varietà di soggetti macro, dai piccoli insetti ai fiori delicati. La riduzione vibrazioni (VR) integrata aiuta a garantire immagini nitide, anche in condizioni di scarsa illuminazione o quando si tiene la fotocamera in mano.

4. Nikon AF-S Micro-Nikkor 200mm f/4G IF-ED: se hai bisogno di una distanza di lavoro maggiore dai soggetti, questo teleobiettivo macro è un'ottima scelta. Con un rapporto di ingrandimento 1: 1 e una lunghezza focale maggiore, consente di catturare foto dettagliate da una distanza maggiore, ideale per insetti schizzinosi o facilmente disturbabili. Il suo design ottico avanzato garantisce nitidezza

e chiarezza eccezionali.

La scelta della fotocamera e dell'obiettivo giusti per la fotografia macro dipende in ultima analisi dalle tue esigenze specifiche, dal budget e dalle preferenze di scatto. Quando prendi una decisione, considera fattori come la lunghezza focale, il rapporto di ingrandimento, la stabilizzazione dell'immagine e la qualità complessiva dell'immagine. Abbinando il corpo macchina Nikon a un obiettivo macro dedicato potrai catturare immagini straordinarie e dettagliate dell'affascinante mondo dei soggetti macro.

Treppiedi, flash e altri accessori per la macrofotografia

La fotografia macro richiede un'attenta attenzione ai dettagli e un controllo preciso dell'illuminazione e della stabilità. Per migliorare la tua esperienza di fotografia macro, ci sono diversi accessori che vale la pena considerare. Dai treppiedi e flash ai sistemi di illuminazione macro specializzati, questi strumenti possono migliorare notevolmente la tua capacità di catturare splendide immagini ravvicinate. Esploriamo alcuni accessori essenziali per la fotografia macro.

1.   Treppiedi: un treppiede robusto è essenziale per la fotografia macro poiché fornisce stabilità ed elimina le vibrazioni della fotocamera. Cerca un treppiede con gambe regolabili e una colonna centrale che ti consenta di posizionare la fotocamera ad angolazioni diverse. Inoltre, la scelta di un treppiede con colonna centrale rimovibile può consentirti di avvicinarti al terreno per scatti dal basso. Cerca materiali leggeri ma resistenti per un facile trasporto sul campo.

2.   Guide di messa a fuoco macro: le guide di messa a fuoco macro consentono un movimento preciso della fotocamera con piccoli incrementi, consentendo regolazioni precise della messa a fuoco. Questi accessori sono

particolarmente utili quando si lavora con una profondità di campo estremamente ridotta o quando si mettono a fuoco più immagini per una maggiore nitidezza. Cerca binari che offrano movimento fluido e stabilità per ottenere una messa a fuoco precisa.

3. Flash: i flash macro dedicati forniscono un'illuminazione controllata per i soggetti ravvicinati. Forniscono flessibilità per illuminare il soggetto, ridurre al minimo le ombre dure e rivelare dettagli intricati. Un flash macro è generalmente costituito da due o più flash che possono essere posizionati per creare un'illuminazione bilanciata. L'uso di un diffusore o di un modificatore flash può aiutare ad ammorbidire e diffondere la luce per un effetto più gradevole.

4. Sistema flash Nikon R1C1: il sistema flash Nikon R1C1 è appositamente progettato per la fotografia macro e offre una soluzione di illuminazione completa. È costituito da un'unità di controllo montata sulla slitta della fotocamera e da diversi flash remoti che possono essere posizionati attorno al soggetto. Questo sistema consente un controllo preciso dei rapporti di illuminazione e consente configurazioni di illuminazione creative nella fotografia macro.

5. Riflettori e diffusori: riflettori e diffusori sono accessori versatili che aiutano a controllare e modellare la luce nella fotografia macro. I riflettori rimbalzano la luce sul soggetto, riempiendo le ombre e aggiungendo dimensione all'immagine. I diffusori ammorbidiscono la luce, riducendo l'abbagliamento intenso e minimizzando l'abbagliamento. Entrambi gli accessori possono essere utilizzati con sorgenti luminose naturali o artificiali per ottenere un'illuminazione più equilibrata e gradevole.

6. Filtri per primi piani: i filtri per primi piani sono un'alternativa economica agli obiettivi macro dedicati . Si tratta di filtri ottici avvitati che aumentano l'ingrandimento

riducendo la distanza minima di messa a fuoco dell'obiettivo esistente. Sebbene non offrano lo stesso livello di qualità dell'immagine di un obiettivo macro dedicato , offrono una soluzione portatile e conveniente per avvicinarsi al soggetto senza trasportare apparecchiature aggiuntive.

7.   Scatto remoto: per ridurre al minimo le vibrazioni della fotocamera , è essenziale uno scatto remoto o un cavo di rilascio. Ti consente di attivare l'otturatore senza toccare fisicamente la fotocamera, riducendo il rischio di introdurre vibrazioni. Ciò è particolarmente utile quando si lavora con tempi di esposizione lunghi o soggetti delicati dove il minimo movimento può influenzare la nitidezza dell'immagine.
8.   Kit di pulizia: la fotografia macro spesso comporta riprese in ambienti esterni dove polvere e detriti possono finire sulla tua attrezzatura. Un kit di pulizia che comprende un soffiatore, un panno in microfibra e una soluzione per la pulizia delle lenti garantisce che gli obiettivi e la fotocamera rimangano in condizioni ottimali e che le immagini rimangano prive di distrazioni indesiderate.

Incorporando questi accessori nella tua cassetta degli attrezzi per la fotografia macro, puoi migliorare la tua capacità di catturare splendide immagini ravvicinate con precisione, controllo e illuminazione creativa. Sperimenta diversi strumenti e tecniche per liberare la tua creatività ed esplorare l'affascinante mondo dei macro soggetti.

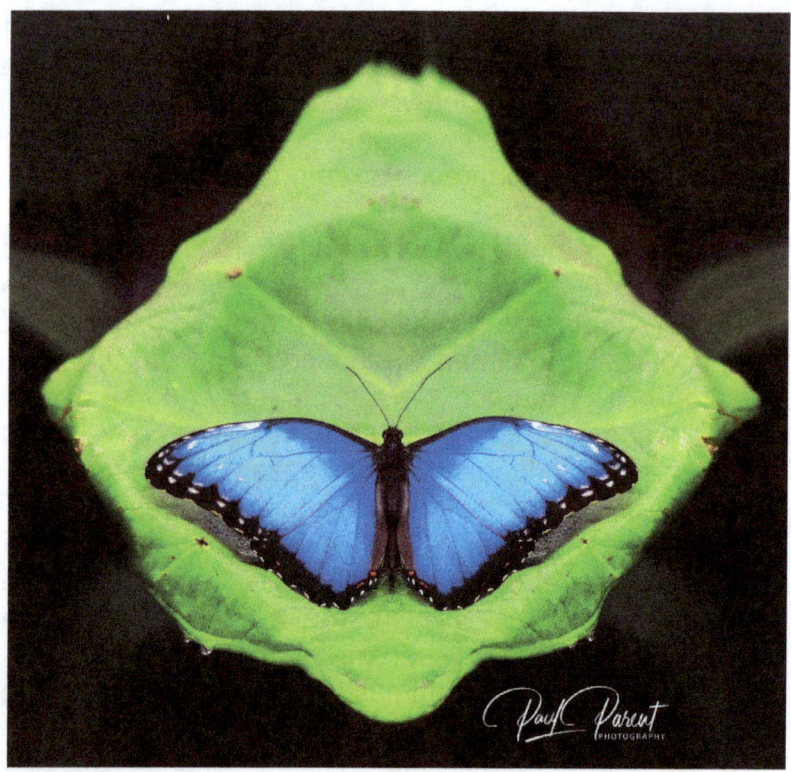

Credito fotografico: Paul Parent, frgs

Macro 150mm, f/2.8, iso 200, 1/4000, bilanciamento del bianco manuale, modalità burst

Ampiamente pubblicato sul Web.

3 COMPRENDERE GLI INSETTI E IL LORO COMPORTAMENTO

Anatomia e morfologia degli insetti: esplorare le meraviglie della struttura degli insetti

Gli insetti, con la loro incredibile diversità e abbondanza, affascinano la curiosità umana da secoli. Un aspetto che rende gli insetti davvero affascinanti è la loro complessa anatomia e morfologia. Dai loro esoscheletri alle loro appendici specializzate, comprendere la struttura degli insetti fornisce preziose informazioni sui loro adattamenti e stili di vita unici. Immergiamoci nell'affascinante mondo dell'anatomia e della morfologia degli insetti.

Esoscheletro: gli insetti hanno un esoscheletro, un rivestimento esterno rigido che fornisce supporto, protezione e punti di attacco per i muscoli. Composto principalmente da chitina, l'esoscheletro è leggero ma robusto.

Avvolge l'intero corpo dell'insetto, conferendogli forma e integrità strutturale. L'esoscheletro funge anche da barriera contro la disidratazione e funge da piattaforma per l'attacco degli organi sensoriali e dei muscoli vitali.

Testa: la testa di un insetto ospita diverse strutture essenziali. Gli occhi composti, solitamente costituiti da più sfaccettature, consentono agli insetti di percepire il mondo in modo mosaico, catturando un ampio campo visivo.

Possono essere presenti anche occhi semplici, chiamati ocelli, che forniscono ulteriori segnali per il rilevamento e l'orientamento della luce. Le antenne, situate sulla testa, variano in forma e dimensione a seconda della specie e svolgono un ruolo cruciale nel rilevare sostanze chimiche, tatto e vibrazioni.

Apparato boccale: l'apparato boccale degli insetti è molto vario, riflettendo l'incredibile gamma di abitudini e strategie alimentari. Le mandibole, presenti negli insetti masticatori come gli scarafaggi, fungono da potenti mascelle per tagliare e macinare. L'apparato boccale succhiante, presente nelle farfalle e nelle falene, è costituito da una lunga proboscide utilizzata per sorseggiare il nettare.

L'apparato boccale che succhia e penetra, come nelle zanzare e negli insetti, è dotato di una proboscide utilizzata per perforare la pelle di piante o animali ed estrarre fluidi.

Torace: il torace è il segmento medio del corpo dell'insetto, recante tre paia di zampe e, nella maggior parte degli insetti volanti, due paia di ali. Gli insetti esibiscono un'ampia varietà di strutture delle zampe adattate alle loro esigenze specifiche.

Alcuni hanno gambe modificate per scavare o catturare prede, mentre altri si sono adattate per saltare o nuotare. Le ali sono disponibili in varie forme, da membranose e trasparenti a indurite e colorate, consentendo il volo e fornendo modelli specie-specifici per il riconoscimento e le manifestazioni di accoppiamento.

Addome: l'addome è il segmento posteriore del corpo di un insetto, che ospita organi vitali come il sistema digestivo, riproduttivo e respiratorio .

È spesso segmentato e può contenere strutture specializzate, come i pungiglioni delle api o gli ovopositori di alcuni insetti utilizzati per la deposizione delle uova. Gli insetti sono inoltre dotati di stigmate, piccole aperture lungo l'addome, che consentono lo scambio di gas e la respirazione.

Metamorfosi: molti insetti subiscono la metamorfosi, un processo di trasformazione che coinvolge fasi distinte di sviluppo. Nella metamorfosi completa, gli insetti evolvono da uovo a larva (bruchi, vermi), poi a pupa, per infine emergere come adulti (farfalle, scarafaggi).

Durante la metamorfosi incompleta, gli insetti subiscono cambiamenti graduali da uova a ninfe, che assomigliano ad adulti in miniatura, prima di raggiungere la forma adulta finale.

Mimetismo e mimetismo: gli insetti hanno sviluppato una notevole gamma di adattamenti per sopravvivere, compreso il mimetismo e il mimetismo. Alcuni insetti hanno strutture corporee e colori che si fondono perfettamente con l'ambiente circostante, consentendo loro di nascondersi dai predatori o di diventare poco appariscenti per le loro prede. Altri imitano l'aspetto o il comportamento di specie tossiche o sgradevoli, ricevendo protezione per associazione.

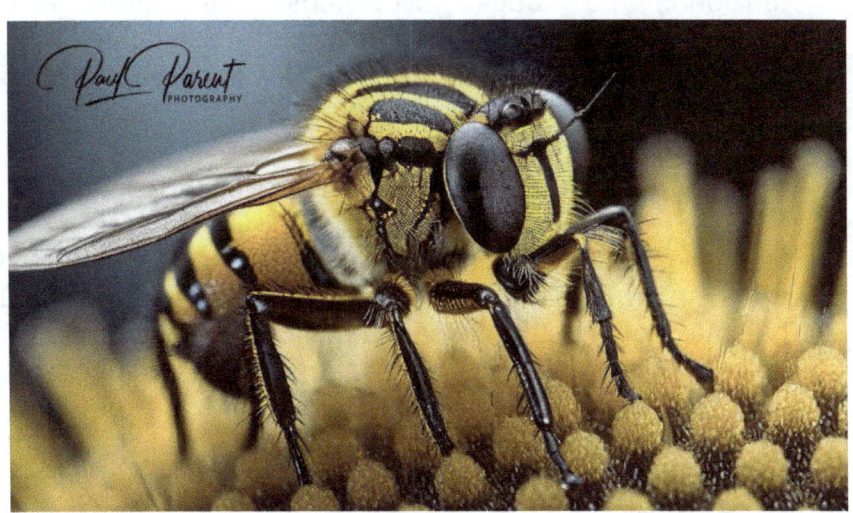

Lo studio dell'anatomia e della morfologia degli insetti continua a rivelare la sorprendente complessità e bellezza di queste straordinarie creature. Comprendendo i loro adattamenti strutturali, gli scienziati acquisiscono una migliore comprensione del loro successo evolutivo e del delicato equilibrio che mantengono all'interno degli ecosistemi. Esplorare le meraviglie dell'anatomia degli insetti apre un mondo di apprezzamento per la diversità e l'ingegnosità della natura.

Studiare gli habitat e i comportamenti degli insetti: svelare i segreti del mondo naturale

Gli insetti, con il loro gran numero e la loro incredibile diversità, svolgono un ruolo vitale negli ecosistemi di tutto il mondo. Comprendere i loro habitat e comportamenti fornisce informazioni preziose sulle loro interazioni ecologiche e sul funzionamento degli ecosistemi nel loro insieme. Immergendosi nell'affascinante mondo degli habitat e dei comportamenti degli insetti, scienziati e appassionati possono svelare i segreti del mondo naturale.

Esploriamo questa affascinante area di studio.

Habitat: gli insetti abitano una vasta gamma di ambienti, dalle foreste e praterie alle zone umide e ai deserti. Lo studio degli habitat degli insetti implica l'identificazione delle condizioni, delle risorse e dei microhabitat specifici che ne supportano la sopravvivenza. Diverse specie di insetti hanno preferenze di habitat specifiche, influenzate da fattori quali temperatura, umidità, vegetazione, composizione del suolo e disponibilità di fonti di cibo.

Studiando questi habitat, gli scienziati acquisiscono conoscenze sui modelli di distribuzione, sulle dinamiche delle popolazioni e sulle interazioni tra le specie all'interno degli ecosistemi.

Comportamenti: i comportamenti degli insetti comprendono un'ampia gamma di attività, dal foraggiamento e accoppiamento ai meccanismi di comunicazione e difesa. Osservare e studiare il comportamento degli insetti permette di scoprire le strategie che utilizzano per adattarsi e sopravvivere nei rispettivi ambienti. Ecco alcuni comportamenti degni di nota che vale la pena esplorare:

1. Strategie di foraggiamento: gli insetti utilizzano una varietà di tecniche di foraggiamento, tra cui erbivori, predazione, parassitismo e scavenging. Mostrano notevoli adattamenti, come apparato boccale specializzato, tecniche di caccia e capacità di rilevamento chimico, per individuare e ottenere fonti di cibo.

2. Comportamenti riproduttivi: gli insetti utilizzano una varietà di strategie riproduttive, da rituali complessi e manifestazioni di corteggiamento a sistemi di accoppiamento unici. Alcuni insetti esibiscono danze elaborate, segnali di feromoni o colorazioni vibranti per attirare i compagni, mentre altri si impegnano nella difesa delle risorse o nelle cure parentali per migliorare la sopravvivenza della loro prole.

3. Comportamenti sociali: alcune specie di insetti, come formiche, api e termiti, mostrano strutture sociali complesse. Questi insetti sociali formano colonie con una divisione gerarchica del lavoro, sistemi di comunicazione e comportamenti cooperativi che consentono loro di prosperare e organizzare società complesse.

Titolo: Verde e strano

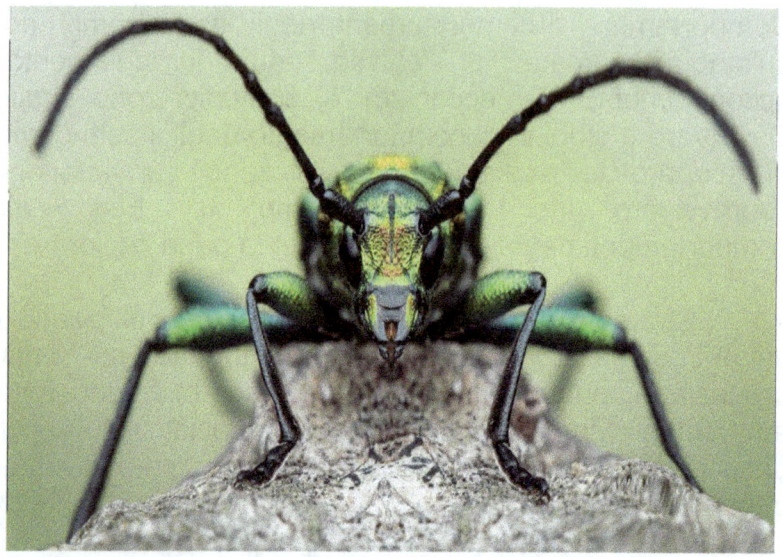

Credito fotografico: Paul Parent, frgs

200 macro , f/4, iso 320, 1/2000, alta saturazione

Vincitore del primo posto su BetterPhoto.com; pubblicati *in particolare su* Twitter, Instagram.

4.   Meccanismi difensivi: gli insetti hanno sviluppato una serie di meccanismi difensivi per proteggersi dai predatori o da potenziali minacce. Questi meccanismi includono mimetizzazione, mimetismo, punture, morsi velenosi o rilascio di sostanze chimiche dannose. Lo studio di questi comportamenti difensivi fa luce sulla complessa corsa agli armamenti tra gli insetti e i loro predatori.

Tecniche di ricerca: lo studio degli habitat e dei comportamenti degli insetti richiede l'impiego di una varietà di tecniche di ricerca. Queste tecniche possono includere:

1.   Osservazioni sul campo: condurre osservazioni sistematiche sul campo consente ai ricercatori di osservare direttamente gli insetti nei loro habitat naturali, documentando così i loro comportamenti, interazioni e relazioni ecologiche. Le osservazioni sul campo forniscono preziose informazioni sulle routine quotidiane, sulle variazioni stagionali e sui modelli di distribuzione spaziale.

2.   Esperimenti di laboratorio: gli esperimenti di laboratorio controllati forniscono un ambiente controllato per studiare comportamenti specifici degli insetti e le loro risposte agli stimoli. Questi esperimenti consentono ai ricercatori di manipolare variabili e testare ipotesi, facendo così luce sulle relazioni di causa ed effetto.

3.   Tecniche molecolari: strumenti molecolari, come l'analisi del DNA e il sequenziamento genetico, aiutano a identificare le specie di insetti, a determinare la struttura genetica delle popolazioni e a comprendere le loro relazioni evolutive. Queste tecniche forniscono informazioni sulle dinamiche della popolazione, sui modelli di dispersione e sugli eventi di speciazione.

4.   Iniziative di scienza dei cittadini: coinvolgere scienziati cittadini e appassionati attraverso iniziative come indagini sugli insetti o programmi di monitoraggio della biodiversità

può contribuire in modo significativo alla nostra comprensione degli habitat e dei comportamenti degli insetti. Queste collaborazioni aumentano l'ampiezza e la profondità della raccolta dei dati, coprendo un'area geografica più ampia e ampliando la nostra conoscenza dell'ecologia degli insetti.

Studiare gli habitat e i comportamenti degli insetti è un viaggio di scoperta senza fine. Svela le complesse relazioni tra gli insetti, i loro ambienti e altri organismi, evidenziando i loro ruoli ecologici cruciali. Svelando i segreti degli habitat e dei comportamenti degli insetti, otteniamo un apprezzamento più profondo della complessa rete interconnessa della vita che sostiene il nostro pianeta.

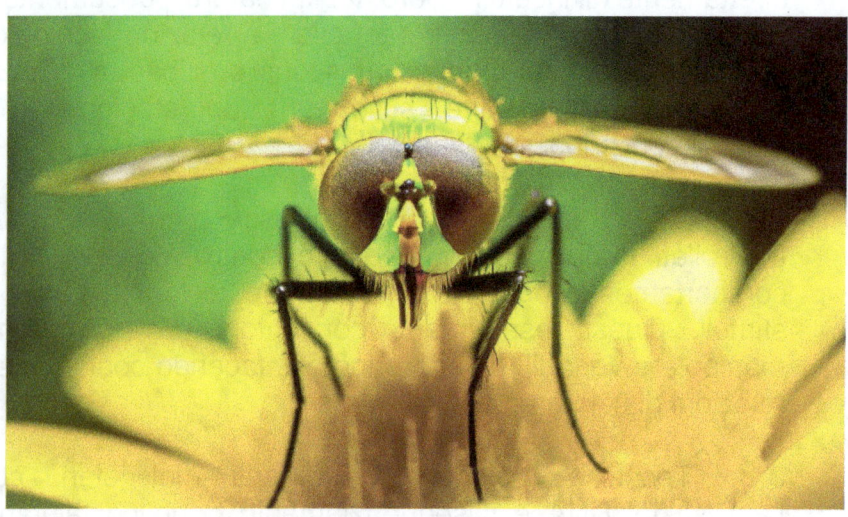

Considerazioni etiche e di sicurezza riguardanti le meraviglie naturali

La macrofotografia degli insetti offre un'opportunità unica per catturare l'affascinante bellezza e i dettagli intricati di queste piccole creature. Tuttavia è fondamentale avvicinarsi a questa forma di fotografia con un profondo rispetto per i soggetti e i loro habitat naturali. Le considerazioni etiche e di sicurezza svolgono un ruolo cruciale nel garantire che le nostre pratiche fotografiche non danneggino o interrompano il delicato equilibrio della natura. Ecco alcune linee guida importanti da tenere a mente quando si inizia a fotografare macro insetti:

1. Rispetto per l'ambiente: mantenere un profondo rispetto per l'ambiente naturale in cui prosperano gli insetti. Evita di calpestare o danneggiare la vegetazione durante la ricerca dei soggetti e fai attenzione agli habitat fragili come le zone umide, le praterie e le foreste.

   Non lasciare traccia ed evitare di rimuovere o disturbare elementi naturali per creare caratteristiche artificiali. Ricorda che il benessere dell'ecosistema dovrebbe sempre avere la precedenza sullo scatto della foto perfetta.

2. Ridurre al minimo i disturbi: quando ci si avvicina agli insetti per fotografarli, ridurre al minimo i disturbi al loro comportamento naturale e al ciclo di vita. Evitare manipolazioni, spinte o spinte eccessive che potrebbero causare stress o danneggiare l'insetto. Consentire agli insetti di svolgere le loro attività naturali senza interferenze inutili. Sii paziente e attendi l'opportunità di catturare il loro comportamento in modo naturale invece di forzarli in pose innaturali.

3.   Evitare pratiche dannose: non utilizzare sostanze nocive, come insetticidi o repellenti, per manipolare il comportamento degli insetti o tenerli fermi per la fotografia. Queste sostanze possono essere tossiche per gli insetti e interrompere le loro naturali interazioni con l'ambiente. Concentrati invece sull'osservazione e sulla cattura degli insetti nel loro stato naturale, permettendo ai loro comportamenti di svilupparsi in modo naturale.

4.   Non raccogliere né rimuovere: resistere alla tentazione di raccogliere o rimuovere insetti dal loro habitat esclusivamente per scopi fotografici. La rimozione degli insetti dal loro ambiente naturale può distruggere gli ecosistemi e comprometterne la sopravvivenza. Catturate invece le immagini in situ, rispettando il ruolo dell'insetto nel suo habitat. Ricorda, queste creature sono parte integrante della complessa rete della vita.

5.   Sii consapevole delle specie in via di estinzione: cerca e familiarizza con la fauna locale e con qualsiasi specie protetta o minacciata nell'area in cui stai fotografando. Evita di disturbare o fotografare specie vulnerabili o protette dalla legge. Scopri lo stato di conservazione e le esigenze specifiche degli insetti che incontri per garantire pratiche fotografiche responsabili.

6.   Segui le normative e le linee guida locali: fai attenzione a tutte le normative o linee guida locali relative alla fotografia naturalistica nelle aree che stai visitando. Alcune riserve naturali o aree protette possono avere regole specifiche per salvaguardare l'ambiente e la fauna selvatica.

Aderisci a queste norme per contribuire a preservare l'integrità dell'ecosistema e rispettare i diritti degli altri visitatori e ricercatori.

7. Condividi le tue conoscenze e promuovi la conservazione: usa la tua macrofotografia come piattaforma per aumentare la consapevolezza sulla conservazione degli insetti. Educare gli altri sull'importanza degli insetti negli ecosistemi, sul loro ruolo come impollinatori e sul loro contributo alla biodiversità.

Incoraggiare pratiche etiche tra colleghi fotografi e appassionati di natura, promuovendo una cultura di rispetto e conservazione. La macrofotografia degli insetti dovrebbe essere motivata da un vero amore per la natura e dal desiderio di catturarne la bellezza preservando il benessere dei soggetti.

Praticando tecniche fotografiche etiche e responsabili, possiamo preservare le meraviglie del mondo degli insetti e contribuire alla conservazione del nostro patrimonio naturale.

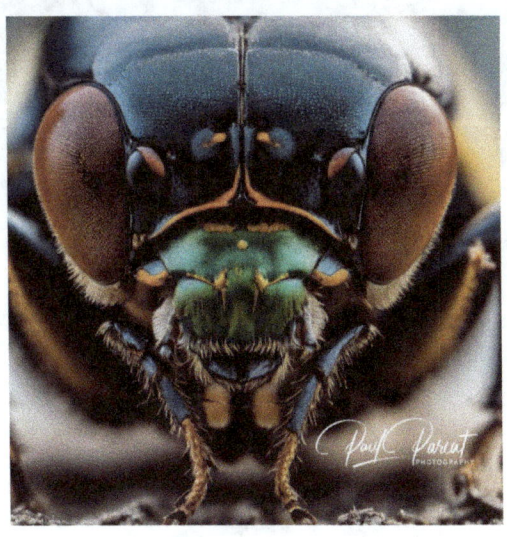

Titolo: Montaggio 2 – Macrofotografia di insetti

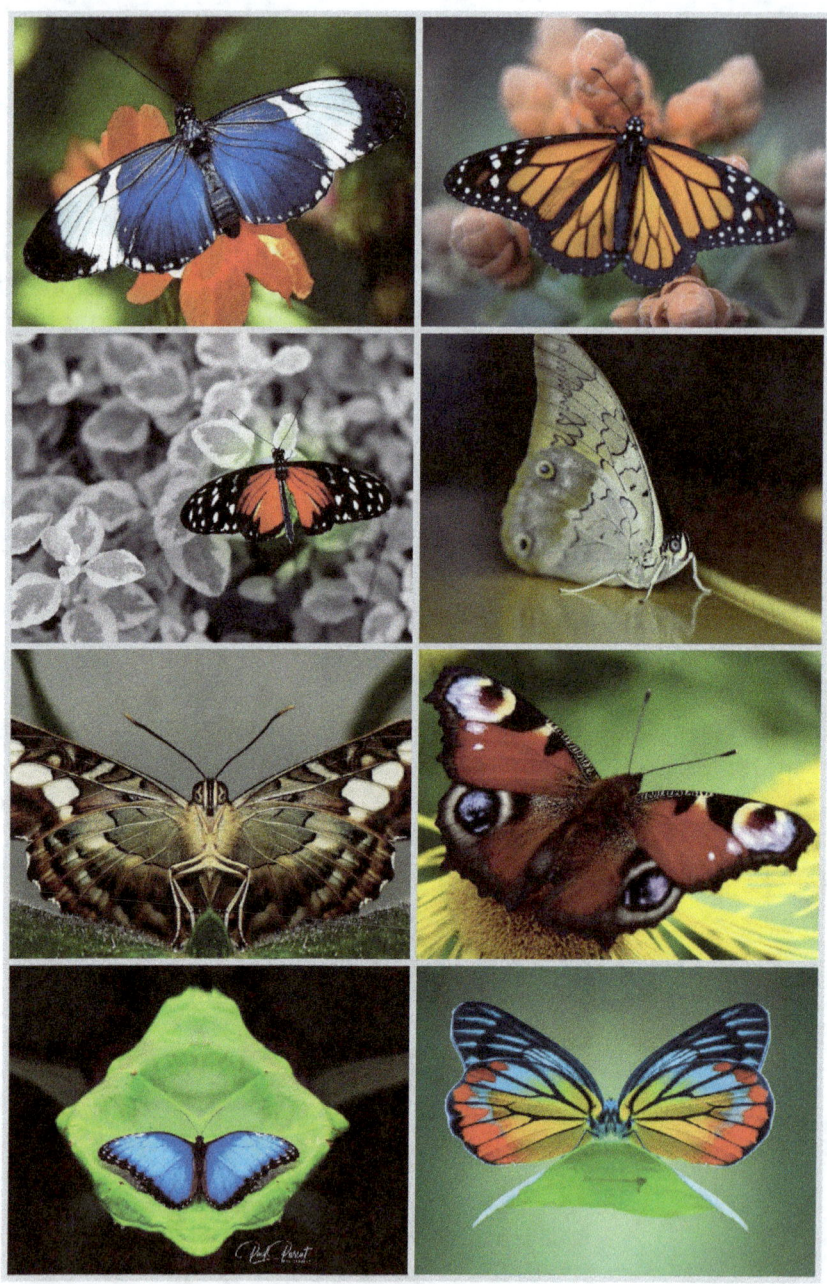

Credito fotografico: Paul Parent, frgs

4 PADRONEGGIARE LE TECNICHE DI FOTOGRAFIA MACRO

Padroneggia la profondità di campo e le tecniche di messa a fuoco nella macrofotografia

La fotografia macro ci consente di esplorare gli intricati dettagli e le trame del mondo in miniatura. Per catturare immagini ravvicinate straordinarie, è fondamentale comprendere la profondità di campo e utilizzare tecniche di messa a fuoco efficaci. Esaminiamo i concetti di profondità di campo ed esploriamo varie tecniche di messa a fuoco specificamente adatte agli obiettivi della macrofotografia.

Profondità di campo: la profondità di campo si riferisce all'intervallo di distanza all'interno di una scena che appare sufficientemente nitido in un'immagine. Nella fotografia macro, ottenere la profondità di campo desiderata è essenziale per controllare la nitidezza e la sfocatura dei diversi elementi nell'inquadratura. Ecco alcuni fattori chiave da considerare:

1. Selezione dell'apertura: l'impostazione dell'apertura del tuo obiettivo macro gioca un ruolo importante nel determinare la profondità di campo. Un'apertura più piccola (numero f più alto, come f/16 o f/22) aumenta la profondità di campo, consentendo di mettere a fuoco un'area più ampia dell'immagine. Al contrario, un'apertura maggiore (numero f più basso, come f/2,8 of/4) riduce la profondità di campo, creando un piano di messa a fuoco poco profondo con uno sfondo sfocato.

2.   Distanza dal soggetto: anche la distanza tra l'obiettivo e il soggetto influenza la profondità di campo. Nella fotografia macro, avvicinarsi al soggetto riduce la profondità di campo, rendendo difficile mantenere l'intero soggetto a fuoco. Per aumentare la profondità di campo, puoi allontanarti leggermente dal soggetto o utilizzare tecniche di messa a fuoco (discusse più avanti) per combinare più immagini con diversi punti AF.

2.   Lunghezza focale: la lunghezza focale del tuo obiettivo macro influisce anche sulla profondità di campo. In generale, le lunghezze focali più lunghe (ad esempio 100 mm, 150 mm o 200 mm) tendono ad avere una profondità di campo inferiore rispetto alle lunghezze focali più corte. Ciò significa che devi essere più preciso nella messa a fuoco quando usi obiettivi più lunghi.

Tecniche di messa a fuoco : ottenere una messa a fuoco nitida nella fotografia macro può essere difficile a causa della ridotta profondità di campo e del rischio di vibrazioni della fotocamera. Ecco alcune tecniche di messa a fuoco che ti aiutano a catturare immagini macro nitide e dettagliate:

1.   Messa a fuoco manuale: la messa a fuoco manuale offre un controllo preciso sul punto AF. Utilizza l'anello di messa a fuoco sull'obiettivo per ottimizzare la messa a fuoco, prestando particolare attenzione all'area specifica che desideri mettere a fuoco. Questa tecnica è particolarmente utile quando si lavora con profondità di campo ridotta e soggetti complessi.

2. Focus Peaking: molte fotocamere offrono una funzione chiamata focus peaking, che evidenzia le aree a fuoco sovrapponendo un contorno colorato. Questo aiuto visivo ti aiuta a identificare le aree che appariranno nitide nell'immagine finale, facilitando il raggiungimento di una messa a fuoco precisa nella fotografia macro.

3. Visualizzazione live e ingrandimento: utilizza la modalità visualizzazione live della fotocamera per ingrandire l'immagine e valutare la messa a fuoco in modo più accurato. Ingrandisci il soggetto utilizzando la funzione di ingrandimento della fotocamera e regola la messa a fuoco finché l'area desiderata non appare nitida. Questa tecnica è particolarmente utile quando si mette a fuoco i dettagli più piccoli o quando si lavora con obiettivi macro ad alto ingrandimento.

4. Focus Stacking: il focus stacking è una tecnica utilizzata per aumentare la profondità di campo nelle immagini macro. Ciò comporta l'acquisizione di più immagini con diversi punti AF e la loro fusione in post-elaborazione. Combinando immagini che mettono a fuoco ciascuna una parte diversa del soggetto, è possibile ottenere un'immagine finale con una maggiore nitidezza complessiva.

5. Utilizzo di un treppiede e del rilascio remoto dell'otturatore: per ridurre al minimo le vibrazioni della fotocamera, utilizzare un treppiede robusto per tenere ferma la fotocamera. Questo è fondamentale nella fotografia macro, dove il minimo movimento può influenzare la nitidezza dell'immagine. Inoltre, l'utilizzo di un pulsante di scatto remoto o di una funzione timer sulla fotocamera aiuta a ridurre il rischio di introdurre vibrazioni quando si preme il pulsante di scatto.

La sperimentazione e la pratica sono essenziali per padroneggiare la profondità di campo e le tecniche di messa a fuoco nella macrofotografia.

Comprendendo come l'apertura, la distanza e la lunghezza focale influenzano la profondità di campo e impiegando metodi di messa a fuoco efficaci, puoi catturare immagini mozzafiato che rivelano l'intricata bellezza del mondo in miniatura.

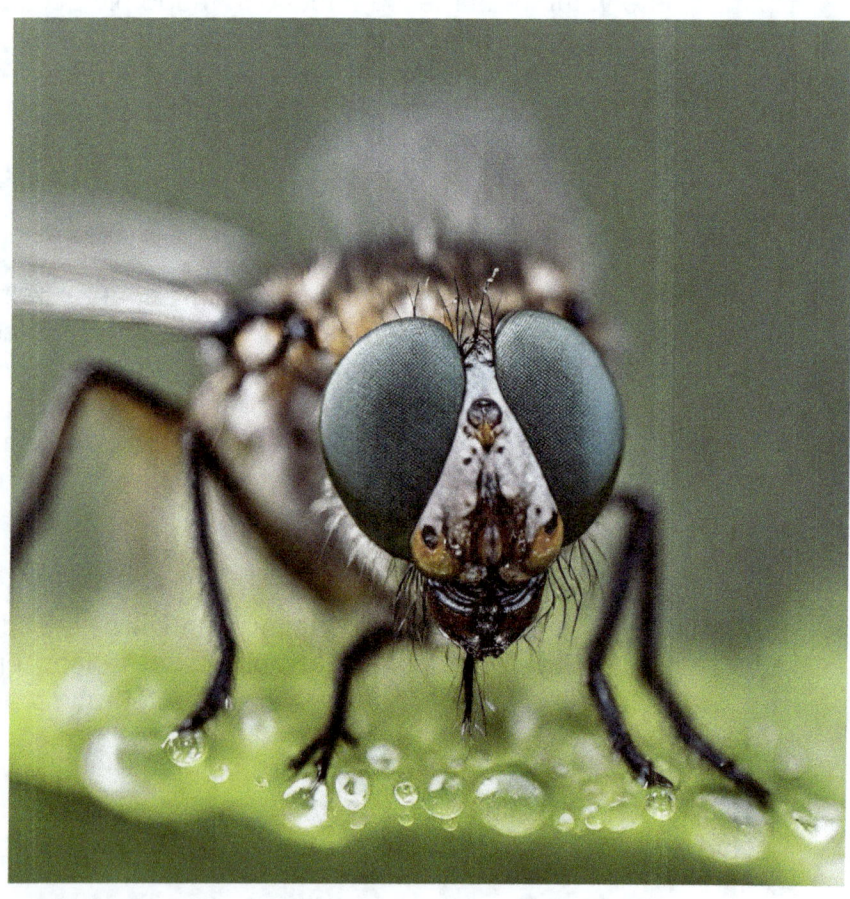

Composizione e inquadratura nella macrofotografia degli insetti: catturare la bellezza delle piccole meraviglie della natura

La macrofotografia degli insetti ci permette di entrare nell'incantevole regno delle minuscole creature e rivelare gli intricati dettagli del loro mondo. Per creare immagini accattivanti e visivamente accattivanti, è fondamentale padroneggiare l'arte della composizione e dell'inquadratura. Ecco alcune linee guida essenziali per aiutarti a realizzare straordinarie fotografie macro di insetti:

1. Regola dei terzi: La regola dei terzi è un principio compositivo fondamentale che divide la cornice in una griglia di nove parti uguali con linee che si intersecano. Posiziona gli elementi chiave di interesse, come l'occhio dell'insetto o il punto focale, lungo queste griglie o alle loro intersezioni. Ciò crea una composizione visivamente gradevole ed equilibrata, aggiungendo profondità e intrigo alla tua immagine.

2. Posizionamento del soggetto: considera il posizionamento dell'insetto nell'inquadratura. Sperimenta posizioni diverse per creare composizioni dinamiche. Posizionare il soggetto fuori centro, leggermente a sinistra o a destra, può aggiungere un senso di movimento e creare un'immagine visivamente più accattivante. Lascia che lo spazio negativo integri l'argomento e ne aumenti l'impatto.

2. Linee principali: incorpora linee principali per guidare l'occhio dello spettatore e aggiungere profondità alla composizione. Usa linee naturali, come rami, steli o petali, per attirare l'attenzione sull'insetto. Queste linee possono creare un senso di movimento o fornire un percorso visivo che attira l'occhio dello spettatore verso il punto focale.

3. Selezione dello sfondo: presta particolare attenzione allo sfondo quando componi le tue foto macro. Uno sfondo disordinato o distraente può distogliere l'attenzione dal soggetto principale. Cerca sfondi puliti e ordinati che permettano all'insetto di risaltare. Prendi in considerazione l'utilizzo di un'apertura ampia (numero f più piccolo) per creare una profondità di campo ridotta, che offusca lo sfondo e isoli il soggetto.

4. Uso del colore: la macrofotografia degli insetti offre una gamma di colori vivaci che possono migliorare la tua composizione. Cerca colori complementari o contrastanti per creare impatto visivo. Sperimenta diverse tavolozze di colori per creare composizioni armoniose o drammatiche. Ricorda che il colore può evocare emozioni e aggiungere interesse visivo alle tue fotografie.

5. Prospettiva e angoli: esplora diverse prospettive e angoli per catturare immagini uniche e visivamente intriganti. Scendi all'altezza degli occhi dell'insetto e scatta foto da diverse angolazioni, ad esempio dall'alto, dal basso o di lato.

    Cambiare prospettiva può rivelare nuovi dettagli e intuizioni che potrebbero passare inosservati da un punto di vista tradizionale.

7. Tecniche di inquadratura: utilizza elementi naturali dell'ambiente per inquadrare il soggetto. Questo può creare un senso di profondità e attirare l'attenzione sull'insetto.

Sperimenta l'utilizzo di foglie, fiori o fili d'erba per creare una cornice naturale all'interno dell'inquadratura, aggiungendo interesse visivo e guidando l'occhio dello spettatore sul soggetto.

8.   Spazio negativo: abbraccia lo spazio negativo nelle tue composizioni. Lo spazio negativo si riferisce alle aree dell'inquadratura con poco o nessun soggetto. Fornisce respiro e attira l'attenzione sul soggetto principale, evidenziandone i dettagli intricati. Usa lo spazio negativo in modo strategico per creare un senso di equilibrio ed enfasi nelle tue immagini.

Queste linee guida non sono regole rigide ma piuttosto strumenti per aiutarti con la tua visione creativa. Come per ogni forma d'arte, la sperimentazione e l'espressione personale sono essenziali. Abbraccia il tuo stile e la tua prospettiva mentre esplori il mondo della macrofotografia degli insetti, catturando la delicata bellezza delle piccole meraviglie della natura.

Illuminazione ed esposizione nella macrofotografia degli insetti: illuminare le sottigliezze dei piccoli soggetti

La macrofotografia degli insetti presenta sfide uniche in termini di illuminazione ed esposizione. Le dimensioni ridotte e i dettagli intricati degli insetti richiedono un'attenta considerazione delle tecniche di illuminazione per catturarne con precisione la bellezza. Ottenere illuminazione ed esposizione ottimali nella macrofotografia degli insetti può fare una differenza significativa nel risultato finale.

Titolo: Sono affari miei

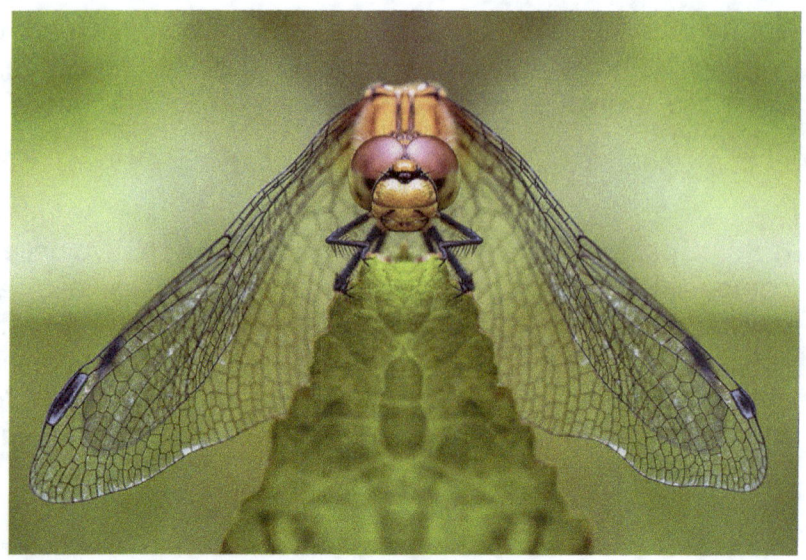

Credito fotografico: Paul Parent, frgs

200 macro , f/4, iso 200, 1/1000, bilanciamento del bianco manuale, alta saturazione, modalità burst

Pubblicato, *tra gli altri* , su Yahoo News, Caters News, N Photo Magazine, Nikon NPS, BetterPhoto.com, The MacLean's Magazine.

Ecco alcuni fattori chiave da considerare:

1. Luce naturale: la luce naturale può essere la tua migliore amica nella fotografia macro. Goditi una luce morbida e diffusa durante le ore dorate dell'alba e del tramonto, quando la luce del sole è meno intensa.

   Posiziona te stesso e il soggetto in modo da sfruttare al massimo la luce naturale disponibile. Osserva come la luce cade sull'insetto, illuminandone i lineamenti e facendo risaltare trame e colori.

2. Diffusori e riflettori: quando si lavora in condizioni di illuminazione difficili o a mezzogiorno, utilizzare i diffusori per ammorbidire e diffondere la luce. I diffusori possono essere semplici come tessuto trasparente o strumenti specializzati progettati per diffondere la luce in modo uniforme.

   I riflettori possono essere utilizzati anche per far riflettere la luce sul soggetto, riducendo le ombre e migliorando i dettagli.

3. Flash di riempimento o flash: in alcune situazioni potrebbe essere necessario integrare la luce naturale con fonti di luce artificiale. Un flash di riempimento o un flash può aiutarti a ottenere un'esposizione corretta e a controllare l'illuminazione quando scatti in aree ombreggiate o quando il controluce rappresenta un problema .

   Utilizza un diffusore o una scheda riflettente per ammorbidire e dirigere il flash per un aspetto più naturale.

4. Direzione e angoli della luce: prestare attenzione alla direzione e all'angolo della luce quando si fotografano gli insetti. L'illuminazione laterale può far risaltare le texture e rivelare i dettagli più fini, mentre la retroilluminazione può creare un effetto alone o evidenziare le ali traslucide.

   Sperimenta diversi angoli di illuminazione per accentuare le caratteristiche desiderate del soggetto.

5. Compensazione dell'esposizione: nella fotografia macro, ottenere un'esposizione corretta può essere difficile a causa delle dimensioni ridotte e dei dettagli intricati del soggetto. A seconda delle condizioni di illuminazione, potrebbe essere necessario regolare la compensazione dell'esposizione per garantire un'esposizione corretta.

   Utilizza l'istogramma della tua fotocamera per valutare la distribuzione tonale e apportare le modifiche necessarie.

6. Bracketing e HDR: per scene con contrasto estremo o quando si ha a che fare con situazioni di illuminazione complesse, prendere in considerazione il bracketing delle esposizioni. Scatta più foto a diversi livelli di esposizione per catturare l'intera gamma dinamica.

   Successivamente, puoi unire queste immagini utilizzando le tecniche High Dynamic Range (HDR) in post-elaborazione per ottenere un'immagine finale ben bilanciata.

7. Evita la sovraesposizione e la perdita di dettagli: fai attenzione a non sovraesporre le luci, soprattutto in aree come superfici riflettenti o trame delicate.

La sovraesposizione può causare la perdita di dettagli essenziali e far apparire l'immagine piatta. Presta attenzione all'istogramma e regola di conseguenza le impostazioni di esposizione per preservare le luci e i dettagli desiderati.

8. Sagome retroilluminate: sperimenta la retroilluminazione per creare accattivanti sagome di insetti. Posiziona la fonte di luce dietro il soggetto e regola le impostazioni di esposizione per catturare il contorno e i dettagli intricati come una silhouette scura. Questa tecnica può aggiungere drammaticità ed enfatizzare la forma e la struttura dell'insetto.

L'illuminazione e l'esposizione nella fotografia macro richiedono sperimentazione e un occhio attento ai dettagli. Presta molta attenzione alle caratteristiche uniche di ciascun insetto soggetto e regola di conseguenza le tue tecniche di illuminazione.

Con la pratica e un'osservazione attenta, puoi padroneggiare l'arte di illuminare le complessità dei piccoli soggetti nella macrofotografia degli insetti.

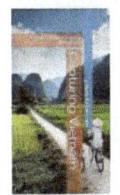 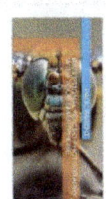 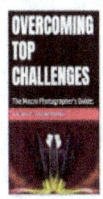 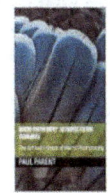 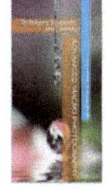

Capturing Vietnam: A Traveler's Guide to Stunning Phot...	Exceptional Macro Photography with Your Smartphone	Overcoming Top Challenges : The Macro Photograp...	Macro Photography: Advanced Editing...	Advanced Macro Photography: Techniques, Equi...
★★★★★ 1	★★★★★ 2	★★★★☆ 3	★★★★☆ 2	★★★☆☆ 5

Titolo: Dall'alto II

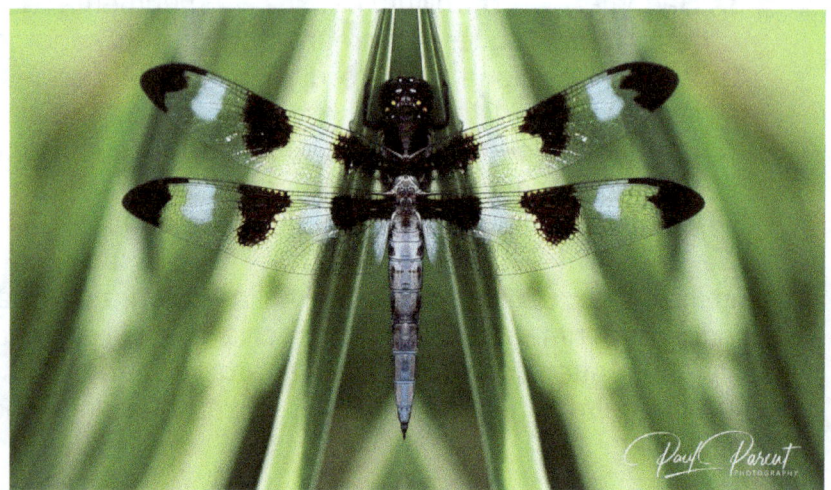

Credito fotografico: Paul Parent, frgs

Macro 105 mm, f/5.6, ISO 320, 1/2000, saturazione e contrasto elevati, modalità burst

Ampiamente pubblicato sul Web.

5 ESPLORA DIVERSI STILI DI FOTOGRAFIA MACRO DI INSETTI

Padroneggiare l'arte di catturare gli insetti in volo: tecniche di fotografia dinamica degli insetti

Catturare un insetto in volo è un'impresa entusiasmante e stimolante che richiede abilità, pazienza e una buona conoscenza delle tecniche fotografiche. La natura dinamica degli insetti in volo rappresenta un'opportunità unica per catturarne l'agilità e la bellezza in azione. Ecco alcune tecniche essenziali per fotografare con successo gli insetti in volo:

1.   Velocità dell'otturatore elevata: per congelare il movimento di un insetto in volo, una velocità dell'otturatore elevata è fondamentale. Imposta la fotocamera sulla modalità priorità otturatore o sulla modalità manuale e seleziona una velocità otturatore elevata, ad esempio 1/1000 di secondo o più veloce. Ciò garantisce nitidezza e previene la sfocatura da movimento.

3.   Messa a fuoco automatica continua: gli insetti si muovono rapidamente, rendendo essenziale l'utilizzo della modalità di messa a fuoco automatica continua (AI Servo o AF-C) sulla fotocamera. Questa modalità consente alla fotocamera di seguire costantemente il soggetto in movimento e regolare la messa a fuoco di conseguenza. Combinalo con un punto autofocus singolo o un gruppo per garantire una messa a fuoco precisa sull'insetto.

3.   Modalità burst: imposta la fotocamera sulla modalità burst (scatto continuo) per catturare una serie di scatti rapidi. Ciò aumenta le tue possibilità di catturare il momento perfetto in cui l'insetto è in una posa attraente o mostra un affascinante movimento delle ali.

4.   Anticipa la traiettoria di volo: osserva il comportamento dell'insetto che vuoi fotografare e anticipa la sua traiettoria di volo. Acquisisci familiarità con i loro schemi, come il decollo, l'atterraggio o il volo stazionario. Posizionati in una posizione strategica dove puoi catturare l'insetto in volo con uno sfondo chiaro.

4.   Traccia e panoramica: mentre l'insetto si muove nell'aria, seguilo con la fotocamera eseguendo una panoramica fluida e in sincronia con il suo movimento. Questa tecnica consiste nel seguire la traiettoria del soggetto mantenendolo nell'inquadratura.

Esercitati nella panoramica con mano ferma per mantenere la messa a fuoco nitida sull'insetto sfocando lo sfondo, creando un senso di movimento.

6.   Illuminazione adeguata: prestare attenzione alle condizioni di illuminazione quando si fotografano gli insetti in volo. Prova a scattare in condizioni di illuminazione favorevoli, ad esempio nelle ore dorate del primo mattino o del tardo pomeriggio, quando la luce è più morbida e lusinghiera. Una luce sufficiente aiuta a mantenere velocità dell'otturatore elevate e riduce la possibilità di rumore dell'immagine.

7.   Considera la profondità di campo: a seconda delle dimensioni e del tipo di insetto, potrebbe essere necessario prendere decisioni in merito alla profondità di campo. Se vuoi che l'intero insetto sia a fuoco, usa un'apertura più piccola (numero f più alto) per ottenere una maggiore profondità di campo. In alternativa, per un approccio più artistico, utilizza un'apertura più ampia (numero f più basso) per creare una profondità di campo ridotta, evidenziando l'insetto e sfocando lo sfondo.

8.   Pazienza e pratica: catturare gli insetti in volo richiede pazienza e pratica. Padroneggiare i tempi , la messa a fuoco e la composizione necessari per creare immagini avvincenti può richiedere tempo. Sperimenta tecniche diverse, studia il comportamento degli insetti e abbraccia il processo di apprendimento mentre affini le tue abilità.

Fotografare gli insetti in volo è impegnativo e gratificante. Richiede una combinazione di competenza tecnica, comprensione del comportamento degli insetti e occhio artistico. Con pratica e tenacia, puoi catturare immagini straordinarie che mettono in mostra la grazia e il dinamismo degli insetti nel loro elemento naturale.

Ritratti ravvicinati di insetti

Quando si tratta di catturare ritratti di insetti in primo piano, esistono diverse tecniche che possono aiutarti a ottenere risultati sorprendenti. Ecco alcune delle migliori tecniche da considerare:
Titolo: Montaggio 3 – Macrofotografia di insetti

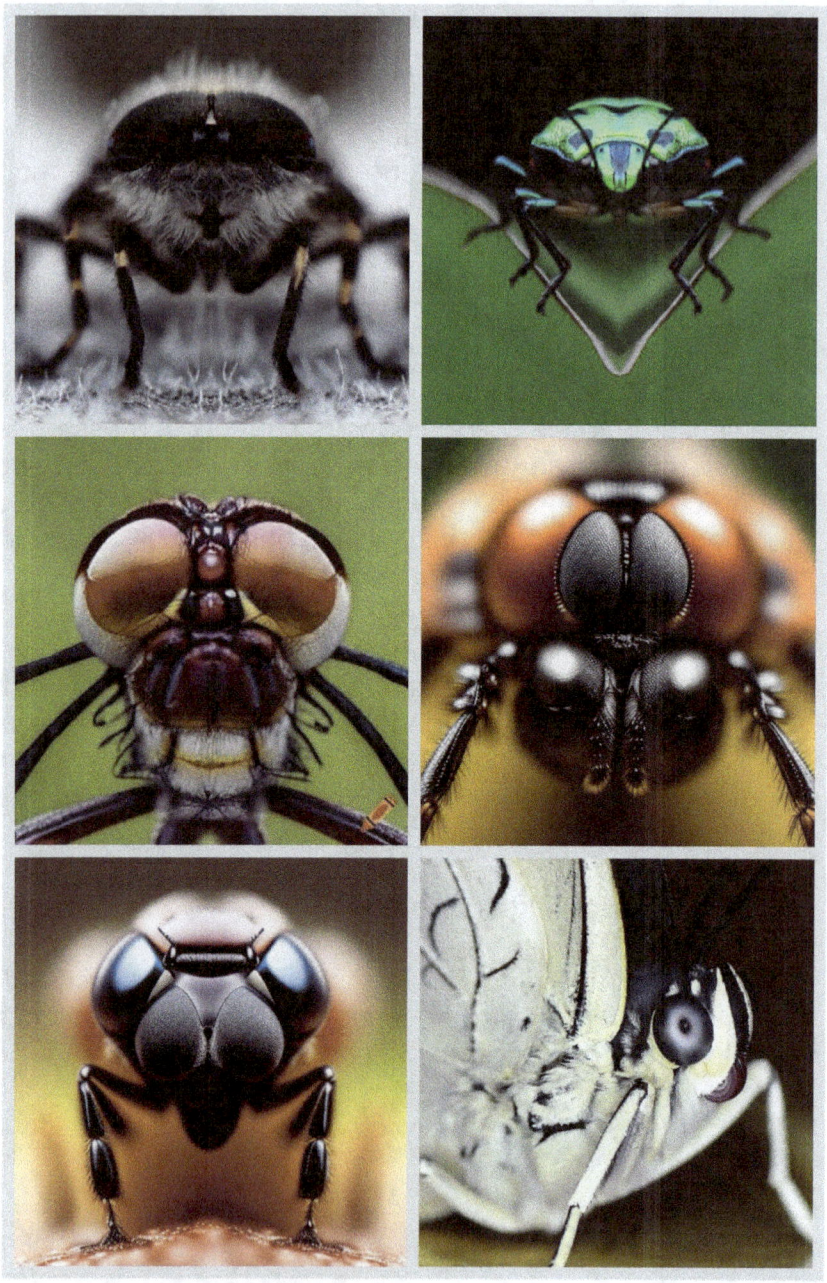

Credito fotografico: Paul Parent, frgs

1.   Fotografia macro: utilizza un obiettivo macro dedicato o tubi di prolunga per avvicinarti all'insetto e catturare i dettagli più fini. Queste lenti specializzate consentono un ingrandimento elevato e distanze di messa a fuoco ravvicinate, consentendoti di rivelare le complesse caratteristiche dell'insetto.

2.   Utilizzare un treppiede: per garantire immagini nitide e dettagliate, si consiglia di utilizzare un treppiede robusto. Ciò aiuta a eliminare le vibrazioni della fotocamera e garantisce stabilità, soprattutto quando si scatta con velocità dell'otturatore più lente o si utilizza un ingrandimento elevato. Un treppiede ti consente di perfezionare la composizione e mantenere un'inquadratura coerente.

3.   Selezione dell'apertura: controlla la profondità di campo per evidenziare l'area di messa a fuoco desiderata nei ritratti degli insetti. Utilizzando un'apertura più ampia (numero f inferiore) si crea una profondità di campo ridotta, isolando l'insetto e sfocando lo sfondo. In alternativa, un'apertura più piccola (numero f più alto) può mettere a fuoco una parte maggiore dell'insetto. Sperimenta aperture diverse per ottenere l'effetto desiderato.

4.   Concentrati sugli occhi: nei ritratti di insetti, gli occhi sono spesso l'elemento più accattivante. Assicurati che gli occhi siano ben a fuoco, poiché attirano l'attenzione dello spettatore e trasmettono una sensazione di connessione con il soggetto. Utilizzare tecniche di messa a fuoco automatica o manuale per ottenere una messa a fuoco precisa sugli occhi.

6.   Considera l'illuminazione: l'illuminazione gioca un ruolo vitale nella fotografia di insetti ravvicinati. Utilizza luce naturale diffusa o tecniche di illuminazione artificiale, come flash esterno alla fotocamera o fonti di luce continua.
L'illuminazione morbida e diffusa aiuta a rivelare le trame e i colori dell'insetto riducendo al minimo le

ombre dure.

6.   Pazienza e osservazione: gli insetti possono essere schizzinosi, quindi la pazienza e l'osservazione sono essenziali. Prenditi il tempo per studiare il comportamento e i movimenti dell'insetto, permettendoti di anticipare le sue azioni. Ciò ti consente di posizionare te stesso e la fotocamera per catturare l'insetto nella sua posa o attività più attraente.

7.   Selezione dello sfondo: presta attenzione allo sfondo dei ritratti degli insetti. Scegli uno sfondo pulito e ordinato che integri il soggetto e non distragga da esso. Uno sfondo in tinta unita o una trama naturale possono fornire uno sfondo piacevole che metta in risalto l'insetto.

       7.   Post-elaborazione: dopo aver catturato i ritratti ravvicinati degli insetti, prendi in considerazione l'utilizzo di tecniche di post-elaborazione per migliorare le immagini. Regolazioni come contrasto, nitidezza e colore possono aiutare a far emergere dettagli complessi e creare un risultato finale visivamente accattivante.

       Tuttavia, assicurati di mantenere un aspetto naturale ed evita di elaborare eccessivamente le immagini.

Catturare ritratti di insetti in primo piano richiede pratica, pazienza e un occhio attento ai dettagli. Impiegando queste tecniche e affinando le tue abilità nel tempo, puoi creare ritratti di insetti accattivanti e di grande impatto che mettono in mostra la bellezza e la complessità di queste straordinarie creature.

Esplorare il macromondo: fotografare gli habitat degli

insetti

La macrofotografia ci consente di scoprire i dettagli intricati e le meraviglie nascoste degli habitat degli insetti. Catturando questi ambienti, otteniamo una comprensione più profonda degli ecosistemi che ospitano queste affascinanti creature. Ecco alcuni suggerimenti per aiutarti a padroneggiare l'arte di fotografare gli habitat degli insetti:

1. Ricerca e osservazione: prima di avventurarti sul campo, fai una ricerca approfondita sulle specifiche specie di insetti e sui loro habitat che intendi fotografare.

    Comprendere il comportamento degli insetti, gli ambienti preferiti e i modelli stagionali aumenterà notevolmente le tue possibilità di trovarli nei loro habitat naturali.

2. Scegli il momento e il luogo giusti: l'attività degli insetti varia durante il giorno, quindi scegliere il momento giusto è essenziale per massimizzare le possibilità di catturarli nei loro habitat. La mattina presto e il tardo pomeriggio sono generalmente i momenti migliori in cui gli insetti sono più attivi.

    Inoltre, seleziona luoghi in cui è noto che gli insetti desiderati frequentano, come prati, giardini, foreste o zone umide.

3. Utilizza obiettivi grandangolari e macro: mentre gli obiettivi macro sono generalmente associati a scatti ravvicinati, gli obiettivi grandangolari possono fornire una prospettiva unica quando si catturano gli habitat degli insetti. Gli obiettivi grandangolari ti consentono di includere una parte maggiore

dell'ambiente circostante, fornendo contesto e trasmettendo un senso di scala.

Gli obiettivi macro, invece, ti consentono di concentrarti su dettagli intricati dell'habitat stesso, come piante, fiori o altri elementi.

4. Composizione e inquadratura: considera la composizione e l'inquadratura dei tuoi scatti per rappresentare efficacemente l'habitat degli insetti. Incorpora elementi come piante, rocce, specchi d'acqua o altri elementi naturali per creare composizioni visivamente accattivanti ed equilibrate.

   Sperimenta diverse angolazioni e prospettive per evidenziare la relazione tra gli insetti e il loro ambiente.

5. Pazienza e furtività: gli insetti possono essere sensibili ai disturbi, quindi è fondamentale essere pazienti e muoversi lentamente quando ci si avvicina al loro habitat. Prendetevi il tempo per osservare e familiarizzare con l'ambiente, permettendo agli insetti di abituarsi alla vostra presenza.
   Questo approccio aumenterà le tue possibilità di catturarli nel loro comportamento naturale senza causare stress inutili.

6. Cattura le interazioni: gli habitat degli insetti pullulano di vita e catturare le interazioni tra gli insetti aggiunge profondità e narrazione alle tue fotografie. Cerca momenti di interazione, come l'accoppiamento, l'alimentazione o i conflitti territoriali. La pazienza e l'osservazione sono fondamentali per catturare questi momenti dinamici.

7.   Illuminazione ed elementi naturali: prestare attenzione all'illuminazione e agli elementi naturali presenti nell'habitat degli insetti. Usa la luce naturale quando possibile per creare una rappresentazione realistica e autentica dell'ambiente. Sperimenta diverse condizioni di illuminazione, come la retroilluminazione o l'illuminazione laterale, per aggiungere profondità e drammaticità alle tue immagini. Incorpora elementi come gocce di rugiada, ragnatele o fiori di campo per migliorare l'attrattiva visiva dell'habitat.

8.   Post-elaborazione e conservazione: dopo aver catturato le immagini degli habitat degli insetti, applica una post-elaborazione minima per mantenere l'autenticità della scena. Apporta modifiche per migliorare i colori, il contrasto e la nitidezza assicurandoti al tempo stesso che il risultato finale rappresenti accuratamente l'ambiente naturale. Ricordati di praticare la fotografia etica rispettando gli habitat e lasciandoli intatti dopo aver scattato le tue foto.

Fotografare gli habitat degli insetti offre un'opportunità unica per documentare le complesse relazioni tra gli insetti e il loro ambiente. Seguendo questi suggerimenti, puoi catturare immagini avvincenti che non solo mostrano la bellezza degli habitat, ma aumentano anche la consapevolezza dell'importanza di preservare questi fragili ecosistemi.

6 INDIVIDUARE E AVVICINARSI AGLI INSETTI

Svelare i punti caldi degli insetti: una guida per trovare opportunità di fotografia macro

Scoprire gli hotspot degli insetti è essenziale per i fotografi macro che cercano soggetti accattivanti da fotografare. Questi punti caldi sono aree in cui gli insetti prosperano, offrendo una miriade di specie diverse e comportamenti affascinanti. Ecco alcuni suggerimenti per aiutarti a trovare gli hotspot degli insetti e massimizzare le opportunità di fotografia macro:

1. Ricerca habitat locali: inizia ricercando gli habitat nella tua zona o nell'area che intendi visitare. Identificare i tipi di ambienti che attirano gli insetti, come praterie, zone umide, foreste, giardini o specchi d'acqua. Comprendere specie vegetali specifiche, stagioni di fioritura e microhabitat che possono supportare un'ampia gamma di insetti.

2. Cerca riserve e parchi naturali: le riserve naturali, i parchi nazionali e le aree protette sono spesso brulicanti di insetti. Queste aree forniscono rifugio a varie specie e offrono una vasta gamma di habitat da esplorare. Controlla i siti web di conservazione locali, le guide dei parchi o contatta i ranger del parco per informazioni sulla diversità degli insetti e sui luoghi preferiti in queste aree protette.

3. Visita giardini botanici e arboreti: i giardini botanici e gli arboreti sono spazi meticolosamente paesaggistici che presentano un'ampia varietà di specie vegetali. Questi giardini forniscono ricchi terreni di alimentazione e rifugio per gli insetti. Esplora diverse sezioni dei giardini, comprese le aree di piante autoctone, i giardini delle farfalle o i giardini degli impollinatori, poiché è probabile che attirino una varietà di insetti.

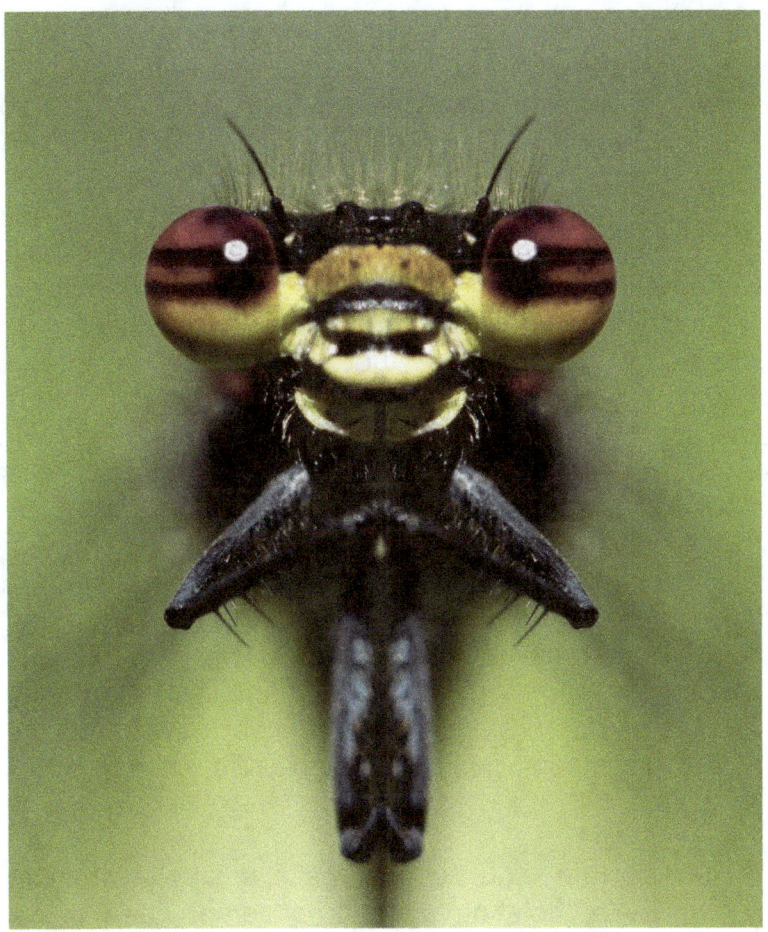

Crediti fotografici: Paul Parent, frgs

Macro 200 mm, f/5.6, iso 400, 1/2000, modalità burst

Pubblicato *in particolare su* BetterPhoto.com, Twitter, Instagram, Facebook.

5.　　Segui i modelli stagionali: gli insetti mostrano comportamenti stagionali e comprendere questi modelli può aiutarti molto nella ricerca dei punti caldi. Cerca periodi specifici dell'anno in cui alcune specie di insetti emergono, si riproducono o migrano.

Ad esempio, le libellule vengono generalmente viste vicino ai corsi d'acqua durante i mesi estivi, mentre le farfalle possono essere più abbondanti durante la stagione migratoria.

5.   Esplora diverse altitudini e microhabitat: gli hotspot degli insetti possono variare a seconda dell'altitudine e dei microhabitat. Altitudini diverse possono offrire popolazioni di insetti distinte, quindi esplora montagne, valli o persino aree costiere per diversificare i tuoi soggetti. Presta attenzione anche ai microhabitat situati all'interno di habitat più grandi, come bordi di stagni, tronchi caduti, tronchi d'albero o macchie di fiori, poiché questi microambienti possono supportare un'ampia gamma di insetti.

6.   Cerca le specie indicatrici: alcune specie di insetti fungono da indicatori di un ecosistema sano. Ad esempio, api, farfalle e scarafaggi sono spesso considerati specie indicatrici a causa della loro sensibilità ai cambiamenti ambientali. Trovando e fotografando queste specie indicatrici, puoi ottenere informazioni sulla salute generale e sulla biodiversità di un'area.

7.   Osserva e segui i segnali visivi: una volta che ti trovi in un potenziale hotspot, prenditi il tempo per osservare l'ambiente circostante. Cerca indizi visivi come piante in fiore, suoni ronzanti, impollinatori attivi o segni di attività di insetti come foglie masticate o fili di seta. Questi indicatori possono guidarti verso le aree in cui è più probabile che si trovino gli insetti.

8.   Rete con esperti e fotografi locali: interagisci con entomologi, naturalisti e macrofotografi locali esperti. Hanno una conoscenza preziosa sugli hotspot degli insetti e possono fornire consigli su luoghi specifici, stagioni o specie uniche. Unirsi a gruppi fotografici locali o comunità online incentrate sulla macrofotografia può anche metterti in contatto con appassionati che possono condividere suggerimenti e idee.

Avvicinati alle aree sensibili agli insetti con rispetto per l'ambiente e i suoi abitanti. Pratica la fotografia etica riducendo al minimo i disagi e senza lasciare traccia. Utilizzando queste strategie e perfezionando la tua comprensione degli habitat degli insetti, aumenterai le tue possibilità di trovare entusiasmanti opportunità di fotografia macro e di catturare la straordinaria diversità della vita degli insetti.

L'arte della pazienza e della capacità di osservazione nella macrofotografia

La fotografia macro è un genere che richiede un insieme unico di abilità e due delle qualità più preziose che un fotografo macro può possedere sono la pazienza e l'osservazione acuta. Il minuscolo mondo degli insetti e dei piccoli dettagli richiede un approccio calmo e attento. Ecco perché la pazienza e l'osservazione sono fondamentali per realizzare ottime fotografie macro:

1. Aspetta il momento perfetto: la pazienza è fondamentale quando si tratta di fotografia macro. Gli insetti e le piccole creature spesso si muovono rapidamente o eseguono comportamenti specifici che vale la pena catturare. Essendo paziente, aumenterai le tue possibilità di testimoniare e fotografare quei momenti fugaci, che si tratti di una farfalla delicatamente appollaiata su un fiore o di un'ape che raccoglie il nettare. Aspettare il momento perfetto permette di creare immagini che raccontano storie ed evocano emozioni.

2. Comprendi il comportamento degli insetti: la pazienza va di pari passo con l'osservazione. Osservando attentamente gli insetti nei loro habitat naturali, puoi comprenderne meglio i comportamenti, le abitudini alimentari e le interazioni con l'ambiente. Questa conoscenza ti aiuta ad anticipare i loro movimenti e le loro azioni, permettendoti di

posizionarti nel posto e nel momento giusti per catturare immagini accattivanti. Comprendere il comportamento degli insetti permette inoltre di rispettare il loro spazio e fotografarli senza causare loro stress inutili.

3.   Esplora prospettive diverse: la macrofotografia apre un mondo di prospettive uniche. La pazienza e l'osservazione ti aiutano a scoprire angoli, punti di vista e composizioni interessanti che mettono in risalto i dettagli intricati del tuo soggetto. Prendendoti il tempo per osservare l'ambiente circostante e il comportamento degli insetti, puoi sperimentare diverse angolazioni e trovare modi creativi per catturarne la bellezza. Questa attenzione ai dettagli spesso si traduce in immagini visivamente sorprendenti e stimolanti.

4.   Messa a fuoco precisa e regolazione della profondità di campo: la fotografia macro richiede una messa a fuoco precisa sul soggetto. La pazienza e l'osservazione ti consentono di valutare attentamente la profondità di campo, assicurando che gli elementi critici dell'immagine siano nitidi e creando una piacevole sfocatura sullo sfondo. Prendendoti il tempo necessario per regolare la messa a fuoco e la profondità di campo, puoi evidenziare dettagli o trame specifici, migliorando l'impatto complessivo delle tue fotografie macro.

5.   Adattamento alle condizioni mutevoli: la natura è imprevedibile e la pazienza è essenziale di fronte alle condizioni mutevoli. Il tempo, l'illuminazione e il comportamento degli insetti possono influenzare il risultato della tua sessione di macrofotografia. Rimanendo paziente e attento, sarai in grado di adattarti a questi cambiamenti e sfruttare al massimo le opportunità disponibili. Forse le nuvole si aprono per rivelare uno splendido sole o una nuova specie di insetti entra inaspettatamente nella tua cornice. La pazienza ti permette di abbracciare questi momenti inaspettati e creare immagini straordinarie.

6.   Abbraccia la serendipità: nella macrofotografia, la serendipità spesso gioca un ruolo nel catturare scatti straordinari. Essendo paziente e attento, ti apri a scoperte inaspettate e incontri sorprendenti. Forse un piccolo insetto si posa su un petalo di fiore proprio di fronte a voi, o una goccia di pioggia si aggrappa delicatamente a un filo d'erba. Questi momenti spontanei sono doni della natura che, con pazienza, possono trasformarsi in fotografie memorabili.

La pazienza e l'osservazione sono abilità che possono essere affinate nel tempo. Mentre ti immergi nel mondo della fotografia macro, abbraccia l'arte di aspettare, osservare e vedere veramente la bellezza che si svela davanti al tuo obiettivo. Attraverso la pazienza e l'attenta osservazione, scoprirai momenti straordinari e catturerai l'essenza accattivante del piccolo mondo che ci circonda.

Approcci etici per ridurre al minimo i disturbi nella macrofotografia degli insetti

Come fotografi macro, è essenziale dare priorità al benessere degli insetti che fotografiamo e ridurre al minimo qualsiasi potenziale disturbo causato durante le nostre attività fotografiche. Adottando approcci etici, possiamo catturare immagini incredibili garantendo al contempo la conservazione e il rispetto dei delicati ecosistemi e dei loro abitanti. Ecco alcune linee guida da seguire:

1.   Mantieni una distanza rispettosa: quando ti avvicini agli insetti, mantieni una distanza rispettosa per evitare di causare stress o interrompere i loro comportamenti naturali. Utilizza teleobiettivi o obiettivi macro con una distanza di lavoro confortevole per catturare immagini dettagliate senza invadere il proprio spazio personale.

2.   Evitare di toccare o disturbare gli insetti: evitare di toccare o maneggiare gli insetti a meno che non sia assolutamente necessario per la loro sicurezza. Ricorda che

gli insetti sono creature delicate e il contatto fisico può causare danni o alterare i loro comportamenti naturali. Invece, osservali e fotografali nel loro stato naturale senza interferire.

3.   Scegli tecniche di ripresa non invasive: utilizza tecniche di ripresa non invasive per ridurre al minimo i disagi. Invece di scacciare gli insetti, lascia che vengano da te o attendi pazientemente che si stabiliscano in un luogo favorevole. Evitare di fare movimenti improvvisi o rumori forti che potrebbero spaventarli o spaventarli.

4.   Rispetta il loro habitat naturale: tratta gli habitat degli insetti con il massimo rispetto. Evitare di calpestare la vegetazione, calpestare piante delicate o disturbare i siti di nidificazione. Sii consapevole del potenziale impatto che la tua presenza potrebbe avere sul loro ambiente e adotta misure per ridurre al minimo eventuali danni.

5.   Segui le normative e le linee guida locali: cerca e segui eventuali normative o linee guida specifiche nell'area in cui stai fotografando gli insetti. Alcune aree protette o riserve naturali possono avere regole specifiche riguardanti la fotografia o l'accesso a determinati habitat. Il rispetto di queste normative garantisce la preservazione dell'ecosistema e il benessere degli insetti.

6.   Fotografa interazioni etiche: se stai catturando le interazioni tra insetti, dai priorità alla loro sicurezza e al loro benessere. Evitare di creare artificialmente confronti o situazioni che potrebbero causare danni. Osserva invece con pazienza le interazioni naturali che si verificano organicamente, assicurandoti che i soggetti non siano forzati o messi in situazioni stressanti.

7.   Usa illuminazione naturale e metodi non tossici: usa l'illuminazione naturale quando possibile, poiché fornisce una rappresentazione più autentica dell'ambiente dell'insetto.

Evita l'uso di sostanze chimiche dannose, come insetticidi o pesticidi, che possono avere un impatto negativo sull'ecosistema e sugli insetti che stai fotografando.

8.   Educare e sensibilizzare: usa la tua macrofotografia come piattaforma per educare e sensibilizzare sull'importanza della conservazione degli insetti. Condividi la bellezza e l'unicità di queste creature evidenziando le minacce che devono affrontare. Ispira gli altri ad apprezzare e proteggere questi elementi vitali dei nostri ecosistemi.

Seguendo questi passaggi etici, potrai goderti l'arte della macrofotografia contribuendo allo stesso tempo alla preservazione e alla conservazione degli insetti e dei loro habitat. Ricorda, il nostro ruolo di fotografi non è solo quello di catturare immagini straordinarie, ma anche di essere amministratori responsabili del mondo naturale.

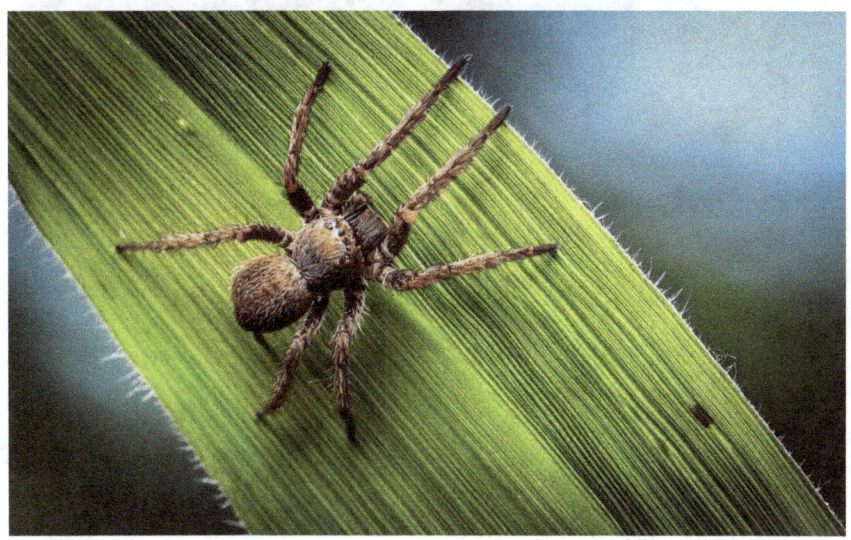

Titolo: La Dama Rosa

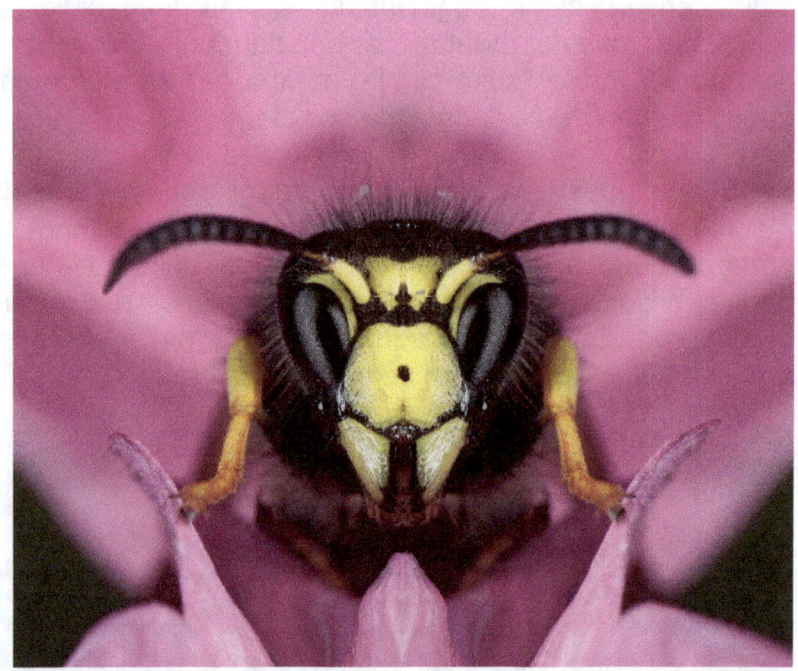

Credito fotografico: Paul Parent, frgs

Macro 200 mm, f/4, 1/2000, modalità burst, bilanciamento del bianco manuale, alta saturazione

Pubblicato *in particolare su* Caters News, Yahoo News, My Modern Met, The Globe and Mail, The MacLean's Magazine, N Photo Magazine.

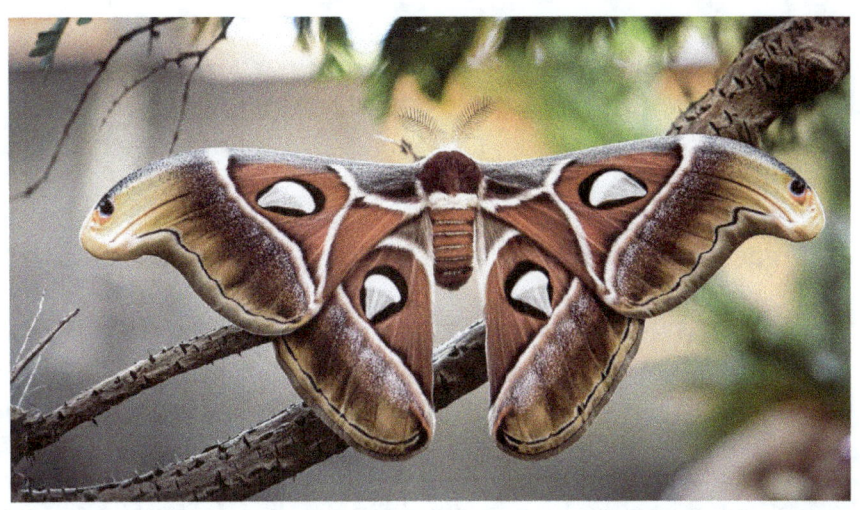

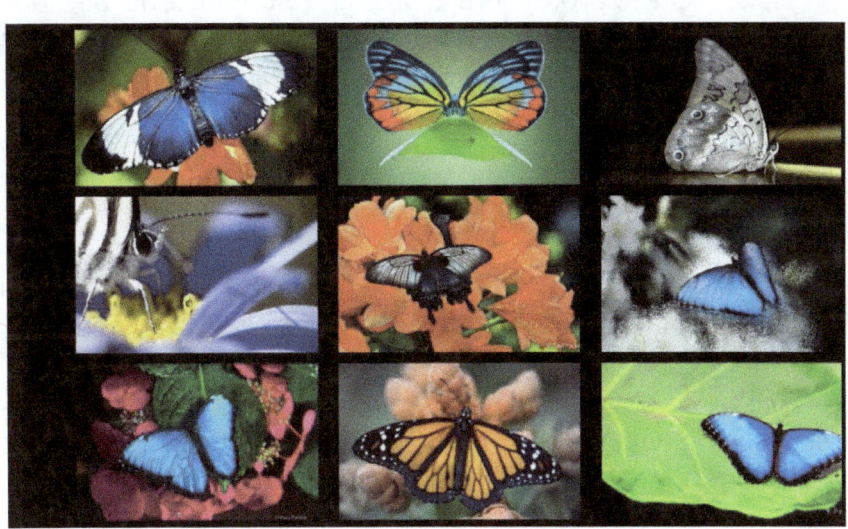

7 GESTIRE LE SFIDE DELL'ILLUMINAZIONE NELLA MACROFOTOGRAFIA DEGLI INSETTI

Sfruttare la bellezza della luce naturale nella fotografia macro di insetti

La luce naturale è uno strumento potente in grado di esaltare la bellezza e l'autenticità della fotografia di macro insetti. Comprendendo come utilizzare e manipolare la luce naturale in modo efficace, puoi creare immagini straordinarie e accattivanti. Ecco alcuni suggerimenti per aiutarti a sfruttare al massimo la luce naturale nella tua fotografia di macro insetti:

1.   Ore d'oro: le ore d'oro, che si verificano all'alba e al tramonto, forniscono una luce morbida, calda e lusinghiera per la fotografia macro. Durante questi periodi, il sole è più basso nel cielo, creando ombre lunghe e morbide che aggiungono profondità e dimensione alle tue immagini. Approfitta dei toni caldi e sperimenta diverse angolazioni per catturare gli intricati dettagli degli insetti.

2.   Luce diffusa: le giornate nuvolose o nuvolose forniscono le condizioni ideali per la fotografia di macro insetti grazie alla luce diffusa naturalmente. La copertura nuvolosa funge da softbox gigante, creando un'illuminazione uniforme e lusinghiera senza ombre o luci dure. Questa luce diffusa è perfetta per catturare le trame delicate e i colori degli insetti senza la necessità di attrezzature aggiuntive.

2.   Controluce: la retroilluminazione può creare un effetto magico nella fotografia di macro insetti. Posizionati in modo che il sole sia dietro il soggetto, illuminandolo da dietro. Questa tecnica può rivelare dettagli come ali traslucide, motivi intricati o capelli delicati, aggiungendo un tocco etereo alle tue.

Sperimenta diverse angolazioni e regola l'esposizione per mantenere il livello di dettaglio desiderato.

4. Sagome e illuminazione dei bordi: gioca con le sagome e l'illuminazione dei bordi per aggiungere drammaticità e intrigo alle tue fotografie di macro insetti. Posiziona il soggetto tra te e la fonte di luce, consentendo alla luce di creare un contorno luminoso attorno al corpo o alle ali dell'insetto. Questa tecnica può enfatizzare la forma dell'insetto, ottenendo immagini di grande impatto visivo.

5. Luce riflessa: utilizza superfici riflettenti come acqua, foglie o petali per far riflettere la luce sul soggetto. Queste superfici agiscono come riflettori naturali, reindirizzando e ammorbidendo la luce per riempire le ombre o aggiungere una luce soffusa agli insetti. La luce riflettente può creare una scena illuminata in modo più uniforme, migliorando i dettagli e i colori dei soggetti.

6. Evita il sole intenso di mezzogiorno: il sole di mezzogiorno tende a proiettare ombre dure e creare condizioni di illuminazione ad alto contrasto, che possono essere difficili per la fotografia macro. La luce intensa può anche rendere gli insetti più attivi o sfuggenti. Se scatti in questo periodo, cerca le zone d'ombra o usa diffusori o riflettori per ammorbidire la luce e ridurre al minimo le ombre dure.

6. Presta attenzione alla luce direzionale: presta attenzione alla direzione della luce rispetto al soggetto. L'illuminazione laterale può rivelare trame e dettagli, enfatizzando la forma tridimensionale degli insetti. Sperimenta diverse angolazioni e regola la tua posizione per ottenere l'effetto luminoso desiderato.

8.   Osserva e adattati: la luce della natura cambia costantemente, quindi sii attento e adattabile. Studia il comportamento degli insetti, il movimento del sole e l'ambiente. Approfitta delle opportunità di illuminazione uniche che si presentano, sia che si tratti di luce screziata attraverso il fogliame o di raggi di sole che filtrano attraverso gli spazi vuoti.

Ricordatevi di essere pazienti e di sfruttare al massimo la luce naturale disponibile. Osserva come interagisce con i tuoi soggetti e usalo come strumento per migliorare l'impatto visivo della tua fotografia di macro insetti. Comprendendo e sfruttando la bellezza della luce naturale, puoi catturare immagini accattivanti che mettono in mostra i dettagli intricati e l'affascinante mondo degli insetti.

Esplorare le tecniche di illuminazione artificiale nella macrofotografia degli insetti

Sebbene la luce naturale sia spesso la scelta preferita per la fotografia di macroinsetti, ci sono situazioni in cui l'illuminazione artificiale può essere vantaggiosa o necessaria. L'illuminazione artificiale ti offre un maggiore controllo sulle condizioni di illuminazione, permettendoti di evidenziare dettagli specifici, congelare il movimento o creare effetti unici. Ecco alcune tecniche di illuminazione artificiale da considerare per la tua macrofotografia di insetti:

1.   Macro Ring Flash: un macro flash anulare è uno strumento di illuminazione popolare per i fotografi macro. È costituito da un flash circolare che si adatta alla parte anteriore dell'obiettivo, fornendo un'illuminazione uniforme e priva di ombre direttamente sul soggetto. Il flash anulare aiuta a eliminare le ombre dure, soprattutto quando si scatta vicino al soggetto. Fornisce inoltre illuminazione negli occhi degli insetti, aggiungendo una piacevole luminosità alle tue

immagini. Sperimenta diverse impostazioni di potenza del flash e regola la distanza tra il flash e il soggetto per ottenere l'effetto luminoso desiderato.

2. Flash esterno alla fotocamera: l'utilizzo di un flash esterno alla fotocamera consente di avere un maggiore controllo sulla direzione e sull'intensità della luce. Posizionando il flash ad angolazioni o distanze diverse dal soggetto, puoi creare effetti di luce drammatici, accentuare le texture o aggiungere profondità alle tue immagini. Usa diffusori o modificatori per ammorbidire la luce ed evitare ombre dure. Le configurazioni del flash esterno alla fotocamera potrebbero richiedere apparecchiature aggiuntive, come trigger wireless o supporti flash, per sincronizzare il flash con la fotocamera.

3. Luci a LED: le luci a LED forniscono una fonte di illuminazione continua e versatile per la fotografia di macro insetti. Sono disponibili in diverse dimensioni e intensità, consentendoti di regolare l'emissione luminosa come desideri. Le luci a LED possono essere tenute in mano o montate su un braccio flessibile o un treppiede, offrendo flessibilità nel posizionamento della sorgente luminosa. Sperimenta diversi angoli, distanze e intensità per ottenere l'effetto luminoso desiderato. Puoi anche utilizzare diffusori, riflettori o snoot per modificare la luce e creare schemi di illuminazione unici.

4. Light Painting: il light painting prevede l'utilizzo di una fonte di luce portatile, come una torcia o una penna LED, per illuminare selettivamente aree specifiche dell'insetto o del suo ambiente. Questa tecnica consente di controllare la luce con precisione e creare effetti artistici. Applicando la luce al soggetto o utilizzandola per evidenziare dettagli specifici, è possibile produrre immagini di grande impatto visivo. Ciò richiede tempi di esposizione più lunghi, quindi un treppiede è essenziale per mantenere ferma la fotocamera.

5. Illuminazione stroboscopica: l'illuminazione stroboscopica prevede l'uso di raffiche di luce potenti e di breve durata per congelare il movimento e catturare immagini nitide di insetti volanti o altri soggetti in rapido movimento. Le luci stroboscopiche hanno una durata del flash rapida, che aiuta a eliminare l'effetto movimento e consente di congelare l'azione. Questa tecnica richiede apparecchiature specializzate, come funzionalità di sincronizzazione ad alta velocità (HSS) o sistemi flash macro dedicati come la Nikon R1C1, per sincronizzare efficacemente la fotocamera e il flash.

6. Diffusione e ammorbidimento della luce: qualunque sia la tecnica di illuminazione artificiale scelta, è essenziale ammorbidire la luce per evitare ombre dure e creare un risultato più piacevole. Puoi utilizzare diffusori, come softbox , ombrelli o tende luminose fai-da-te, per diffondere e distribuire la luce in modo uniforme. La diffusione della luce aiuta a creare un aspetto più naturale e lusinghiero, rivelando gli intricati dettagli degli insetti senza sopraffarli.

Quando si utilizza l'illuminazione artificiale per la fotografia di macro insetti, è fondamentale mantenere un equilibrio tra la luce artificiale e l'ambiente naturale. Assicurati che l'illuminazione non disturbi o danneggi gli insetti e presta attenzione all'intensità e alla durata della luce per evitare surriscaldamenti o fastidi. Sperimentando diverse tecniche di illuminazione artificiale, puoi espandere le tue possibilità creative e catturare da vicino immagini uniche e visivamente sbalorditive di insetti.

Diffusione e riflessione della luce nella macrofotografia degli insetti

Nella macrofotografia degli insetti, la qualità e la direzione della luce giocano un ruolo cruciale nel catturare immagini straordinarie. La diffusione e la riflessione della luce possono aiutare ad ammorbidire le ombre dure, migliorare i dettagli e creare un'illuminazione più gradevole per i soggetti degli insetti. Ecco alcune tecniche per diffondere e riflettere efficacemente la luce nella tua fotografia macro:

1.   Diffusori: i diffusori sono strumenti essenziali per ammorbidire e diffondere la luce nella macrofotografia. Sono disponibili in varie forme, come softbox , pannelli diffusori o opzioni fai-da-te come tessuti traslucidi o ombrelli bianchi. Posizionare un diffusore tra la sorgente luminosa e il soggetto aiuta a diffondere la luce, riducendo le ombre dure e creando un'illuminazione più uniforme. Posiziona il diffusore vicino al soggetto per ottenere il massimo effetto, facendo attenzione a non bloccare completamente la luce.

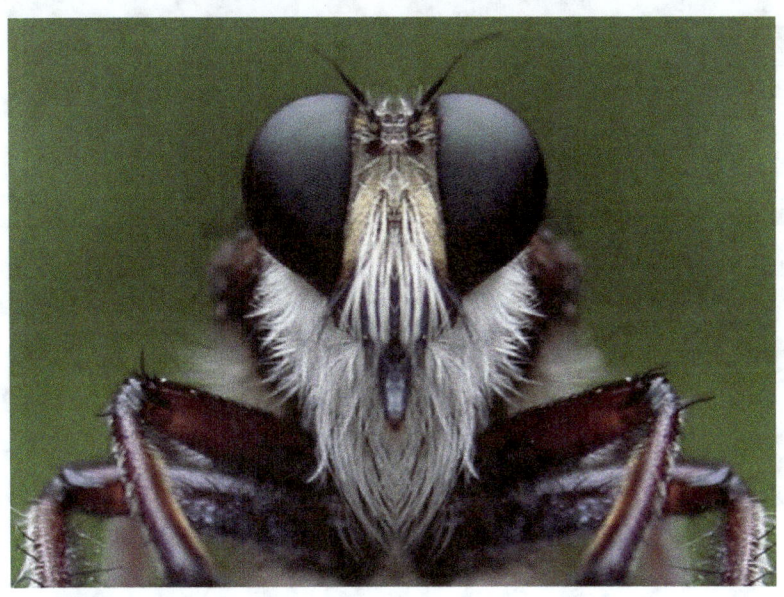

Credito fotografico: Paul Parent, frgs

Macro 150 mm, f/4, ISO 250, 1/800, priorità dei tempi

in particolare su Caters News, Twitter, Instagram.

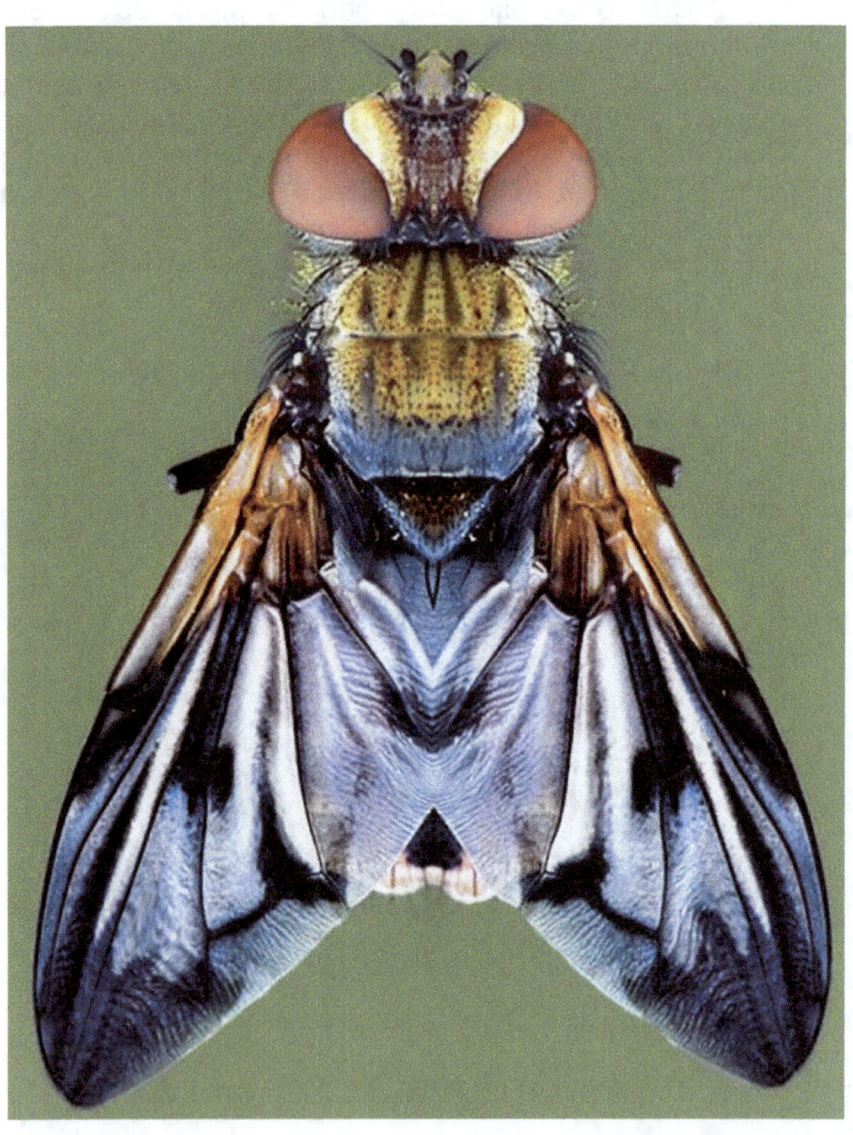

2. Riflettori: i riflettori rimbalzano e reindirizzano la luce sul soggetto, contribuendo a riempire le ombre e ad aggiungere una luce soffusa. I riflettori possono essere realizzati con materiali come pannelli di schiuma bianca, dischi riflettenti argento o oro o persino un pezzo di cartone bianco. Posizionando il riflettore di fronte alla sorgente luminosa, puoi far riflettere la luce sul soggetto, riempiendo le ombre e rivelando dettagli nascosti. Sperimenta diverse dimensioni e materiali del riflettore per ottenere l'effetto desiderato.

3. Superfici riflettenti naturali: utilizzare superfici riflettenti naturali nell'ambiente per reindirizzare e modificare la luce. Foglie, petali o anche specchi d'acqua possono agire come riflettori naturali, riflettendo una luce morbida e diffusa sul soggetto. Posiziona il soggetto in modo che tragga beneficio dalla luce riflessa, esaltandone dettagli e colori. Prestare attenzione all'angolazione e all'intensità della luce riflessa per evitare sovraesposizioni o effetti luminosi innaturali.

4. Filtri polarizzatori: i filtri polarizzatori sono accessori versatili che possono aiutare a controllare i riflessi e ridurre i riflessi. Possono essere utili per fotografare insetti su superfici lucide o riflettenti, come gocce d'acqua o oggetti metallici. Ruotando il filtro polarizzatore è possibile gestire efficacemente l'intensità e la direzione della luce, riducendo i riflessi indesiderati e ottenendo condizioni di illuminazione più equilibrate.

5. Tende o scatole luminose fai-da-te: costruire una tenda o una scatola luminosa fai-da-te può fornire un'illuminazione controllata e diffusa per la tua fotografia di macro insetti. Queste strutture sono realizzate in materiale traslucido che circonda il soggetto, consentendo alla luce di passare uniformemente da tutti i lati. Posizionando il soggetto all'interno della tenda luminosa o della scatola luminosa, crei un ambiente di illuminazione morbida e diffusa, ideale per catturare dettagli complessi senza ombre nette. Sperimenta

materiali e dimensioni diversi per trovare ciò che funziona meglio per le tue esigenze specifiche.

6. Ombra naturale: alla luce diretta del sole, cercare un'ombra naturale può aiutare a diffondere la luce e creare un'illuminazione più lusinghiera per i soggetti degli insetti. Cerca aree sotto alberi, cespugli o altri elementi naturali che forniscano un ambiente luminoso più morbido e diffuso. Posiziona il soggetto nella zona d'ombra tenendo d'occhio la direzione e l'intensità della luce per ottenere un risultato equilibrato e gradevole.

Quando si diffonde e si riflette la luce nella macrofotografia degli insetti, è importante mantenere un aspetto naturale e autentico. Evita di diffondere o riflettere troppo la luce, poiché ciò potrebbe farla apparire piatta o innaturale. Cerca un'illuminazione morbida e uniforme che valorizzi i dettagli e il colore degli insetti mantenendo un senso di profondità e dimensione. Sperimenta diverse tecniche e regolale di conseguenza per ottenere l'effetto luminoso desiderato che mette in risalto il meglio delle tue fotografie di macro insetti.

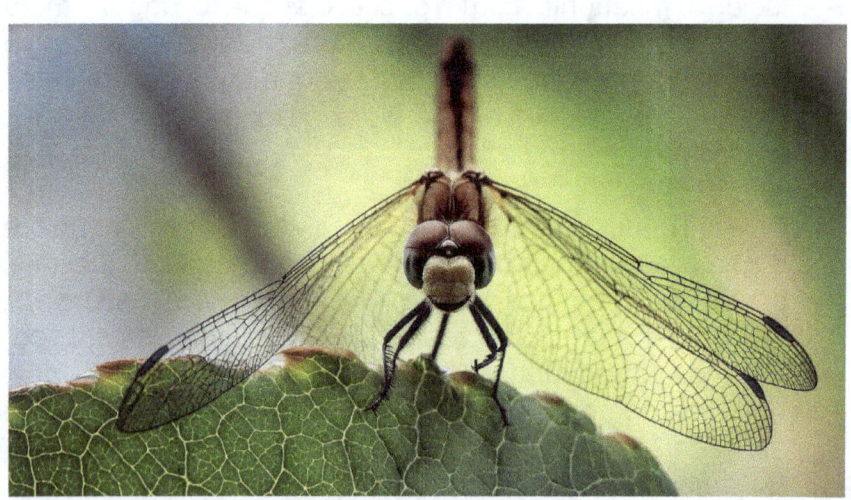

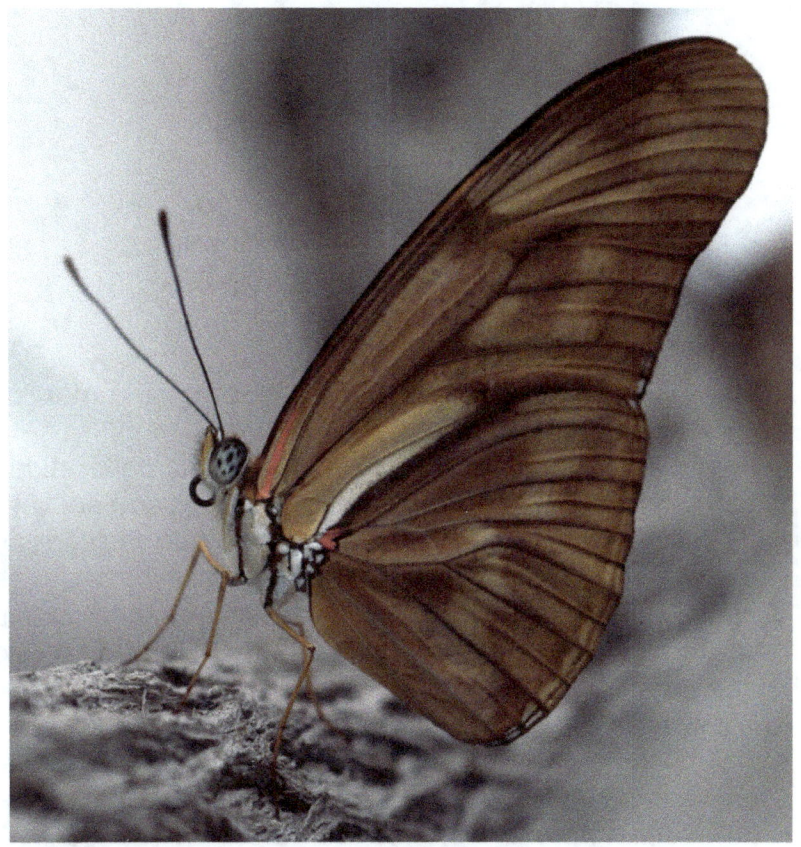

Crediti fotografici: Paul Parent, frgs

Macro 150mm, f/4, iso 250, 1/500, flash anulare

Pubblicato *in particolare su* Canadian Geographic, BetterPhoto.com e Twitter.

Titolo: Ala Marrone

8 SUPERARE GLI OSTACOLI NELLA MACROFOTOGRAFIA DEGLI INSETTI

Gestire il vento e il movimento nella fotografia macro

Quando si pratica la fotografia macro, una delle sfide più importanti che si possono incontrare è la gestione del vento e del movimento. Anche la minima brezza può far oscillare o sfocare i soggetti, rendendo difficile catturare immagini nitide e dettagliate. Tuttavia, con alcune tecniche e considerazioni, è possibile gestire queste sfide in modo efficace. Ecco alcuni suggerimenti per gestire il vento e il movimento nella fotografia macro:

1.   Orari e condizioni meteorologiche: scegli saggiamente l'orario delle riprese optando per orari più tranquilli della giornata. La mattina presto o il tardo pomeriggio tendono ad avere meno vento rispetto a mezzogiorno, quando il sole è alto. Attenzione anche alle previsioni del tempo. Scattare foto in giornate con bassa velocità del vento può aumentare le possibilità di catturare soggetti immobili.

2.   Frangivento e scudi: posizionati strategicamente per trovare frangivento naturali in grado di proteggere i tuoi soggetti dal vento. Alberi, cespugli, rocce o muri possono fungere da barriere, riducendo al minimo l'impatto diretto del vento. Posizionandoti in una posizione riparata, puoi creare un ambiente di ripresa più stabile.

3.   Usa un diffusore: usa un diffusore per ammorbidire e diffondere la luce intensa, ma può anche aiutare a ridurre l'impatto del vento. Un diffusore più grande o un materiale

traslucido posizionato tra il soggetto e il vento può fungere da barriera, diminuendo gli effetti delle raffiche dirette e fornendo una situazione di ripresa più stabile.

4.   Stabilizza la tua attrezzatura: la stabilità è fondamentale di fronte al vento e al movimento. Utilizza un treppiede robusto per mantenere la fotocamera ferma e ridurre al minimo le vibrazioni della fotocamera. Prendi in considerazione l'utilizzo di un treppiede con un gancio sulla colonna centrale, che ti consente di appendere una borsa o aggiungere peso per una maggiore stabilità. Inoltre, utilizzare un pulsante di scatto remoto o un timer per evitare ulteriori vibrazioni della fotocamera causate dalla pressione del pulsante di scatto.

5.   Aumentare la velocità dell'otturatore: una velocità dell'otturatore più elevata può aiutare a congelare il movimento e compensare eventuali movimenti del soggetto causati dal vento. Selezionando una velocità dell'otturatore più elevata, puoi catturare immagini nitide anche se il soggetto oscilla. Tieni presente che l'aumento della velocità dell'otturatore potrebbe richiedere la regolazione di altre impostazioni di esposizione come apertura e ISO per mantenere un'esposizione corretta.

6.   Metti a fuoco gli occhi: quando fotografi insetti o altre piccole creature, concentrati sui loro occhi per garantire che il punto critico dell'immagine rimanga a fuoco. Utilizzando una profondità di campo ridotta, è possibile enfatizzare gli occhi consentendo al contempo che altre parti del soggetto diventino leggermente sfocate, creando un'estetica gradevole anche in presenza di movimento.

7.   Modalità burst e messa a fuoco automatica continua: utilizza la modalità burst e la messa a fuoco automatica continua della fotocamera per aumentare le possibilità di catturare un'immagine nitida. Scattando una serie di foto in rapida successione, aumenti le tue possibilità di catturare un momento fermo tra le raffiche di vento.

8.	Pazienza e perseveranza: affrontare il vento e il movimento richiede pazienza e perseveranza. Tieni presente che non tutte le foto saranno perfettamente immobili e potresti dover fare diversi tentativi per ottenere il risultato desiderato. Rimani concentrato, osserva il soggetto e sii pronto a catturare il momento in cui il vento si calma momentaneamente.

Alcuni movimenti possono aggiungere un elemento dinamico alle tue fotografie macro, mettendo in mostra l'ambiente naturale e la vivacità intrinseca degli insetti. Approfitta di questi momenti e sperimenta l'acquisizione di motion blur intenzionali o composizioni creative che incorporano movimento. Implementando queste tecniche e adattandoti alle condizioni, puoi superare le sfide poste dal vento e dal movimento e catturare splendide fotografie macro con chiarezza e dettaglio.

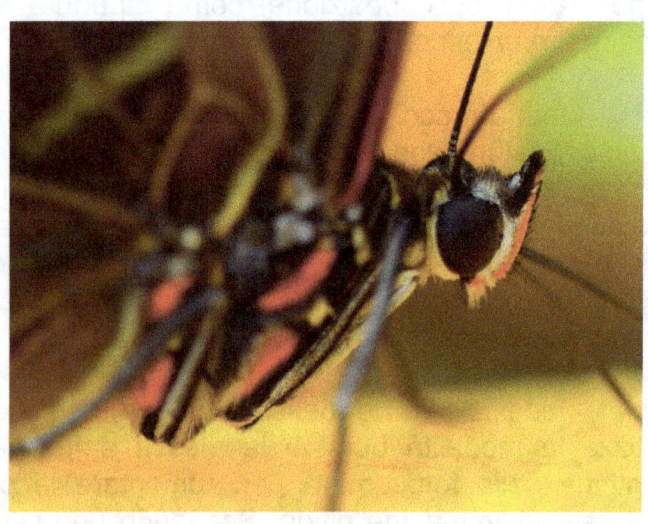

Titolo: La vera ape da primo piano (questa foto appare anche sulla copertina di questo libro)

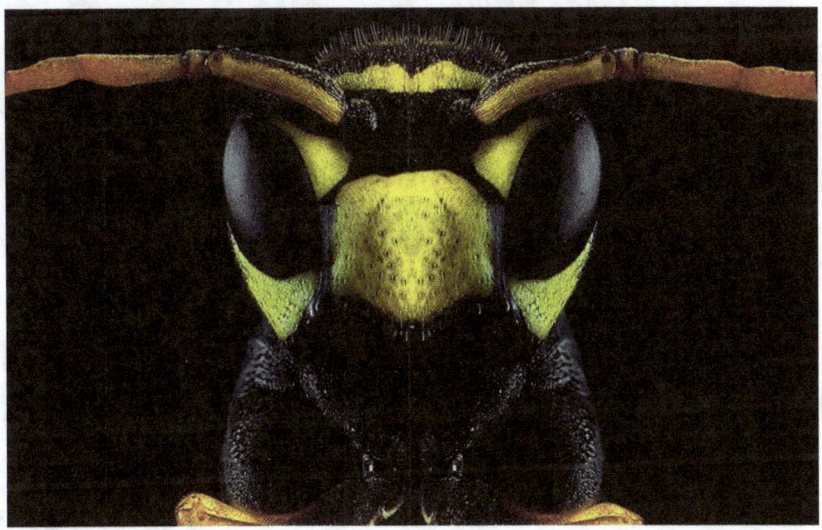

Credito fotografico: Paul Parent, frgs

Macro 200mm, f/4, iso 320, 1/2000, bilanciamento manuale, priorità otturatore

Redattore, *tra gli altri* , di Yahoo News, Caters News, My Modern Met, Nikon NPS, copertina di Utopia Press LP, The MacLean's Magazine, PPOC Canada.

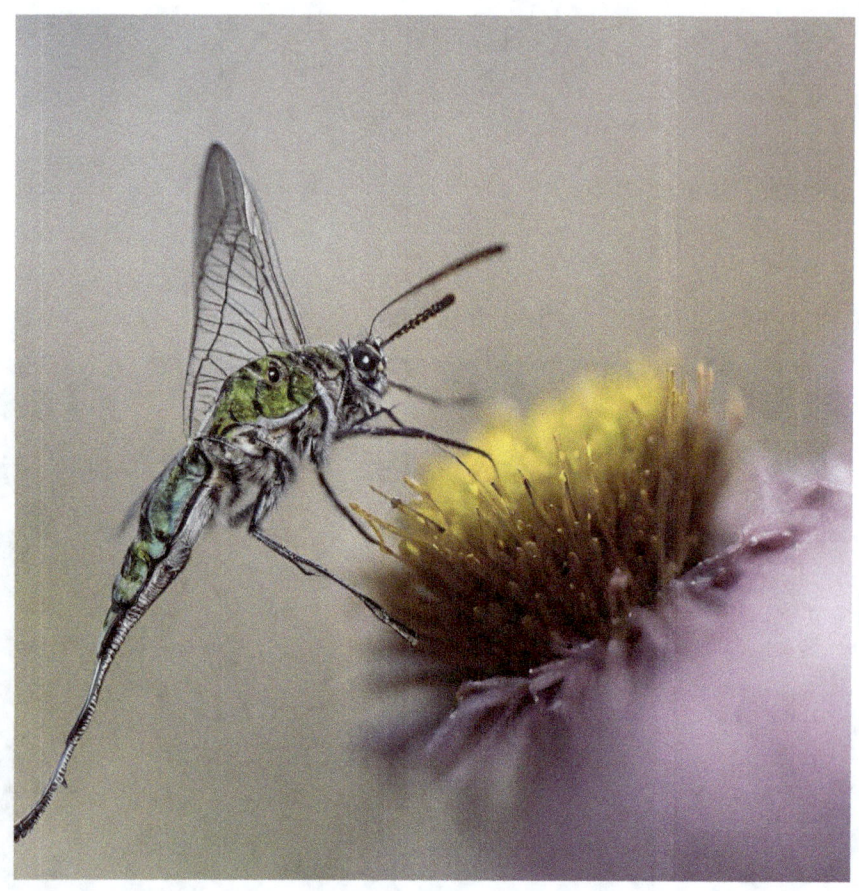

Affrontare condizioni di illuminazione difficili

La fotografia macro presenta spesso sfide quando si ha a che fare con condizioni di illuminazione difficili. Tuttavia, con alcune tecniche e aggiustamenti, puoi superare queste sfide e ottenere risultati soddisfacenti. Ecco alcuni suggerimenti per gestire l'illuminazione difficile nella fotografia macro:

1.   Luce forte diffusa: la luce solare diretta può creare ombre forti e un contrasto elevato nelle immagini macro. Per superare questo problema, utilizzare diffusori per ammorbidire e diffondere la luce. Puoi utilizzare diffusori commerciali o creare opzioni fai-da-te come ombrelli bianchi, tessuti traslucidi o persino un foglio di carta da lucido. Posiziona il diffusore tra il soggetto e la fonte luminosa per creare un'illuminazione più uniforme e gradevole.

2.   Usa i riflettori: i riflettori sono utili per reindirizzare e far rimbalzare la luce sul soggetto. Possono riempire le ombre e creare un effetto di illuminazione più equilibrato. I riflettori argentati possono aggiungere una luce di riempimento dai toni freddi, mentre i riflettori dorati possono introdurre una luce calda. Sperimenta diverse dimensioni e angoli del riflettore per ottenere l'effetto luminoso desiderato.

7.   Controluce: la retroilluminazione può creare un aspetto drammatico ed etereo nella fotografia macro. Posiziona la fonte di luce dietro il soggetto per creare un effetto alone o per illuminare dettagli traslucidi come ali o foglie. Presta attenzione alle impostazioni di esposizione per evitare la sovraesposizione e mantenere il livello di dettaglio desiderato.

4.   Flash di riempimento: in caso di ombre dure o illuminazione insufficiente, è possibile utilizzare un flash di riempimento per bilanciare l'esposizione. Utilizza un flash diffuso o un modificatore per ammorbidire la luce ed evitare riflessi forti. Regola la potenza del flash e posizionalo per riempire le ombre senza sopraffare la luce ambientale. Sperimenta diverse distanze e angoli tra il flash e il soggetto per ottenere l'effetto desiderato.

5.   Tecnica High Dynamic Range (HDR): in situazioni con contrasto estremo, come controluce o forti luci e ombre, prendi in considerazione l'utilizzo della tecnica HDR. Scatta più esposizioni della stessa scena con esposizioni diverse, dal buio alla luce, e uniscile utilizzando il software HDR o la funzione HDR della tua fotocamera. Questa tecnica aiuta a preservare i dettagli nelle aree di luce e ombra, ottenendo un'immagine più bilanciata e con un'esposizione uniforme.

6.   Regolazioni post-elaborazione: di fronte a condizioni di illuminazione difficili, la post-elaborazione può essere un potente strumento per ottimizzare le tue immagini. Software come Adobe Photoshop o Lightroom ti consentono di regolare l'esposizione, le luci, le ombre e il contrasto per ottimizzare l'illuminazione. Utilizza strumenti come le regolazioni "Livelli", "Curve" o "Ombre/Luci" per migliorare l'illuminazione e far risaltare i dettagli nelle tue fotografie macro.

8.   Scatta durante l'ora d'oro o in giornate nuvolose: l'ora d'oro, il periodo subito dopo l'alba o prima del tramonto, fornisce un'illuminazione morbida e calda ideale per la fotografia macro. Allo stesso modo, le giornate nuvolose forniscono un'illuminazione diffusa e uniforme grazie alle nuvole che agiscono come diffusori naturali. Approfitta di queste condizioni di illuminazione per catturare straordinarie immagini macro senza ombre dure o luci estreme.

La sperimentazione è essenziale quando si affrontano condizioni di illuminazione difficili. Ogni situazione è unica, quindi non aver paura di provare tecniche diverse e regolare di conseguenza le impostazioni o l'illuminazione della fotocamera. Con la pratica e l'esperienza diventerai esperto nel gestire situazioni di illuminazione difficili nella fotografia macro.

Avvicinamento a insetti timidi o aggressivi

Quando si pratica la macrofotografia degli insetti, è possibile incontrare insetti timidi o aggressivi che potrebbero presentare difficoltà ad avvicinarsi per ottenere la foto perfetta. È importante avvicinarsi a questi insetti con cura e rispetto per il loro comportamento naturale. Ecco alcuni suggerimenti per aiutarti ad avvicinarti agli insetti timidi o aggressivi nella macrofotografia degli insetti:

1.   Cerca e osserva: prima di iniziare a fotografare gli insetti, familiarizza con il comportamento e le abitudini degli insetti specifici che intendi fotografare. Comprendere le loro tendenze e i loro habitat preferiti ti aiuterà ad anticipare i loro movimenti e comportamenti.

2.   Sii paziente e muoviti lentamente: gli insetti sono sensibili ai movimenti e alle vibrazioni improvvisi. Avvicinati a loro lentamente e in modo costante per evitare di sorprenderli o spaventarli. Sii paziente e permettigli di abituarsi alla tua presenza, soprattutto se è timido o nervoso.

3.   Utilizza un obiettivo con lunghezza focale maggiore: un obiettivo con lunghezza focale maggiore, come un obiettivo macro o un teleobiettivo, ti consente di mantenere una distanza maggiore tra te e l'insetto pur catturando primi piani dettagliati. Ciò può aiutare a ridurre al minimo le interruzioni e aumentare le possibilità di ottenere una foto nitida.

4.   Rispetta il tuo spazio personale: come ogni creatura vivente, gli insetti hanno il loro spazio personale. Evita di avvicinarti troppo a loro, perché ciò potrebbe innescare un comportamento difensivo o spingerli a scappare. Rispettare i loro confini e mantenere una distanza di sicurezza per evitare di disturbare o mettere in pericolo gli insetti.

5.   Evitare il contatto visivo diretto: il contatto visivo diretto può essere interpretato come una minaccia da parte degli insetti, innescando potenzialmente aggressione o fuga. Prova invece a posizionarti con un'angolazione che ti consenta di catturare il profilo dell'insetto o le sue caratteristiche interessanti senza il contatto visivo diretto.

6.   Usa il mimetismo naturale: vestiti con colori neutri o terrosi che si fondono con l'ambiente circostante. Evitare di indossare abiti luminosi o appariscenti che potrebbero sorprendere o distrarre gli insetti. Usare tecniche mimetiche, come indossare una tuta mimetica o usare tessuto o pelle mimetica, può aiutarti a mimetizzarti e a ridurre al minimo il tuo impatto sul loro comportamento.

7.   Utilizza un pulsante di scatto remoto o un cavo di rilascio: per ridurre ulteriormente al minimo le interruzioni, utilizza un pulsante di scatto remoto o un cavo di rilascio per acquisire le riprese senza toccare fisicamente la fotocamera. Questo aiuta ad evitare vibrazioni e mantiene una maggiore distanza tra te e l'insetto.

Sii consapevole degli habitat fragili: gli insetti spesso abitano ecosistemi delicati. Fai attenzione a non danneggiare i loro habitat quando ti posizioni per sparare. Evitare di calpestare le piante, disturbare la vegetazione o causare inutili danni all'ambiente.

8.   Cattura momenti sinceri: invece di avvicinarti attivamente agli insetti timidi o aggressivi, prova a osservarli da lontano e a catturare momenti sinceri. Ciò ti consente di documentare il loro comportamento naturale senza importi troppo.

9.   Pratica la fotografia etica: come fotografo macro responsabile, dai priorità al benessere e alla sicurezza degli insetti. Evita di usare sostanze chimiche dannose, di disturbare il loro ambiente naturale o di manipolare il loro comportamento per il bene di una fotografia. Le considerazioni etiche devono sempre avere la precedenza nel vostro approccio.

Nella macrofotografia degli insetti è importante rispettare gli insetti e il loro comportamento naturale. A volte è meglio osservarli da lontano e permettere loro di svolgere le loro attività indisturbati. Praticando pazienza, consapevolezza e rispetto, puoi realizzare straordinarie fotografie macro riducendo al minimo il tuo impatto sulle loro vite.

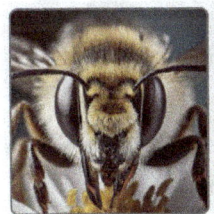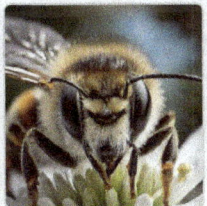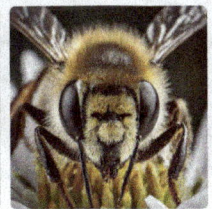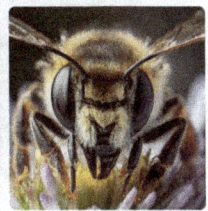

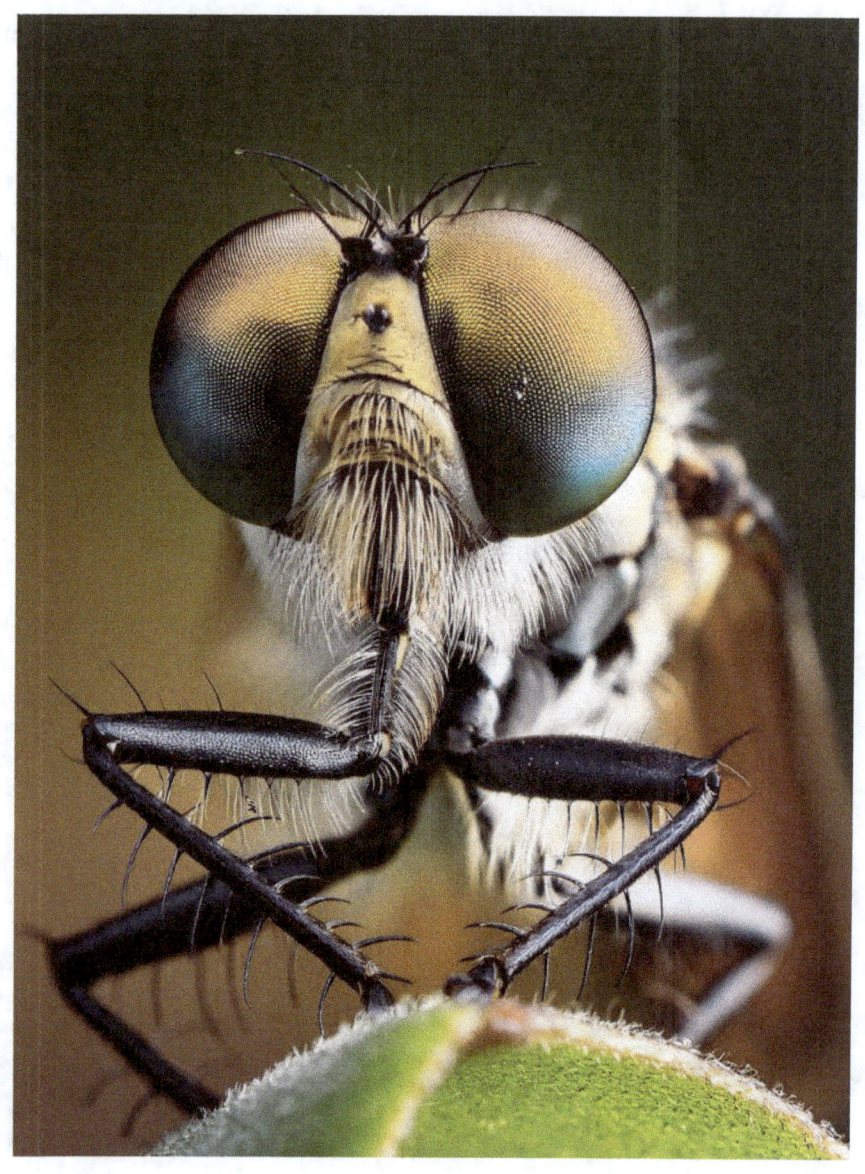

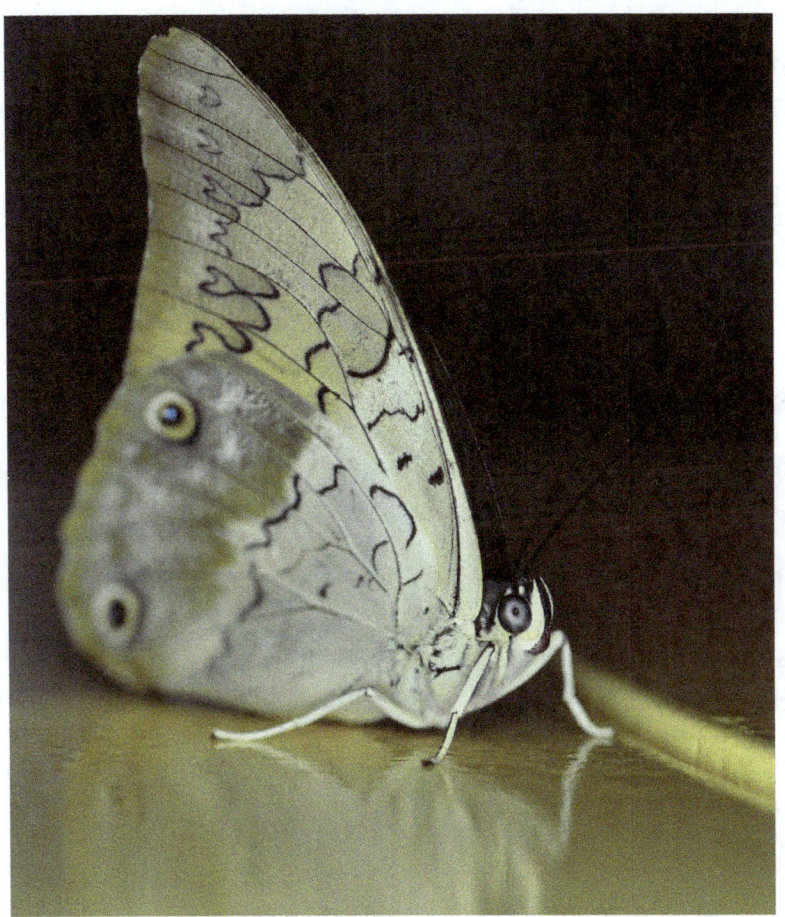

Credito fotografico: Paul Parent, frgs

60mm macro f/4, iso 400, 1/500, flash circolare

Ampiamente pubblicato sul Web.

Titolo: Su una maglietta gialla

9 POST-ELABORAZIONE E MIGLIORAMENTO DELLE MACROFOTOGRAFIE DI INSETTI

Tecniche di editing di base per la fotografia macro di insetti

Una volta catturate le fotografie macro degli insetti, il passo successivo è migliorarle attraverso la modifica. Le tecniche di editing di base possono aiutarti a far emergere il meglio dalle tue immagini, enfatizzando i dettagli e rendendole visivamente accattivanti. Ecco alcune tecniche di editing essenziali per la macrofotografia degli insetti:

1.	Ritaglia e raddrizza: inizia ritagliando l'immagine per rimuovere eventuali elementi di distrazione e concentrarti sul soggetto principale. Considera la regola dei terzi o altre linee guida compositive per creare una composizione equilibrata e visivamente gradevole. Assicurati inoltre che l'immagine sia allineata correttamente raddrizzando eventuali orizzonti o angoli inclinati.

2.	Regola l'esposizione e il contrasto: utilizza strumenti di regolazione come Livelli, Curve o Luminosità /Contrasto per ottimizzare l'esposizione e il contrasto complessivi dell'immagine. Regola luci, ombre e mezzitoni per garantire una gamma tonale bilanciata e far risaltare i dettagli nelle aree chiare e scure.

3.	Migliora la nitidezza: la macrofotografia degli insetti si basa sulla cattura di dettagli complessi. Rendere più nitida l' immagine può aiutare a migliorare questi dettagli fini e renderli più pronunciati. Utilizza lo strumento Maschera di contrasto o Nitidezza intelligente per rendere più nitido il soggetto in modo selettivo senza introdurre rumore o artefatti eccessivi.

4.	Riduci il rumore: la fotografia macro spesso implica scattare con impostazioni ISO più elevate, che possono introdurre rumore nelle immagini, soprattutto in situazioni di scarsa illuminazione. Utilizza strumenti o filtri di riduzione del rumore per ridurre la grana e ridurre qualsiasi rumore indesiderato. Fare attenzione a non esagerare, poiché un'eccessiva riduzione del rumore può comportare una perdita di dettagli.

5.   Regola colori e saturazione: a seconda delle tue preferenze e delle caratteristiche specifiche dell'insetto, potresti voler ottimizzare i colori e la saturazione della tua immagine. Utilizza strumenti come Tonalità/Saturazione o Vividezza per apportare piccole modifiche, migliorando i colori naturali e mettendo in risalto la vivacità senza saturare eccessivamente.

6.   Bilanciamento del bianco corretto: il bilanciamento del bianco può avere un impatto significativo sulla tonalità di colore complessiva e sull'atmosfera dell'immagine. Regola il bilanciamento del bianco utilizzando i cursori Temperatura e Tinta o lo strumento Bilanciamento del bianco per garantire colori accurati e naturali. Correggere le dominanti di colore causate dalle condizioni di illuminazione o dalle impostazioni della fotocamera.

7.   Schivare e bruciare: le tecniche di schivare e bruciare comportano lo schiarimento o l'oscuramento selettivo di aree specifiche dell'immagine per aggiungere profondità e migliorare l'impatto visivo complessivo. Utilizza gli strumenti di schermatura e combustione o i livelli di regolazione per attirare attentamente l'attenzione su aree chiave, come gli occhi o dettagli intricati.

8.   Rimuovere la polvere e le macchie del sensore: la fotografia macro spesso rivela anche le più piccole particelle di polvere o macchie del sensore nelle immagini. Utilizza lo strumento Pennello correttivo al volo o lo strumento Timbro clone per rimuovere queste distrazioni e creare un risultato finale pulito e raffinato.

9.   Sperimenta con effetti creativi: dopo aver modificato l'immagine riportandola al suo stato base, non aver paura di sperimentare effetti creativi per aggiungere il tuo tocco personale. Ciò può includere la vignettatura, regolazioni selettive del colore o persino l'aggiunta di una sottile sovrapposizione di texture per migliorare l'atmosfera dell'immagine.

10.   Salva in formati appropriati: quando salvi le immagini modificate, scegli il formato file appropriato per preservarne la qualità. Per le immagini finali ad alta risoluzione, salvale in un formato senza perdita di dati come TIFF o PSD. Se devi condividere o visualizzare immagini online, salvale in formato JPEG di alta qualità.

La modifica dovrebbe essere utilizzata per migliorare le tue immagini mantenendo l'integrità dell'acquisizione originale. Cerca di ottenere un aspetto naturale e realistico che rappresenti accuratamente la bellezza degli insetti che hai fotografato. Esercitati e sperimenta diverse tecniche di editing per sviluppare il tuo stile unico nella macrofotografia degli insetti.

Correzione del colore e bilanciamento del bianco nella macrofotografia degli insetti

La correzione del colore e il bilanciamento del bianco svolgono un ruolo cruciale nel raggiungimento di colori accurati e piacevoli nella macrofotografia degli insetti. Quando si ha a che fare con condizioni di illuminazione diverse, è essenziale regolare il bilanciamento del bianco per garantire che i colori delle immagini appaiano naturali e fedeli alla vita. Ecco alcuni suggerimenti per la correzione del colore e il bilanciamento del bianco nella macrofotografia degli insetti:

1.   Comprendere il bilanciamento del bianco: il bilanciamento del bianco si riferisce alla regolazione della

temperatura del colore in un'immagine per garantire che gli oggetti bianchi appaiano neutri e privi di dominanti di colore. Condizioni di illuminazione diverse hanno temperature di colore diverse, che possono influenzare il bilanciamento cromatico complessivo delle tue fotografie.

2.   Utilizza il bilanciamento del bianco personalizzato: per ottenere colori accurati, considera l'utilizzo della funzione Bilanciamento del bianco personalizzato sulla tua fotocamera. Ciò comporta l'acquisizione di un'immagine di riferimento di una superficie bianca o grigia neutra nelle stesse condizioni di illuminazione del soggetto. Utilizza questa immagine di riferimento per impostare il bilanciamento del bianco personalizzato nelle impostazioni della fotocamera.

3.   Scatta in RAW: scattare in formato RAW ti offre maggiore flessibilità nella post-elaborazione, soprattutto quando si tratta di regolazioni del bilanciamento del bianco. I file RAW contengono una maggiore quantità di dati immagine, consentendo una correzione del colore più precisa senza una significativa perdita di qualità.

4.   Preimpostazioni del bilanciamento del bianco: la maggior parte delle fotocamere offre preimpostazioni del bilanciamento del bianco come Luce diurna, Nuvoloso, Ombra, Tungsteno e Fluorescente. Sperimenta queste preimpostazioni per trovare quella che meglio si adatta alle condizioni di illuminazione della tua scena macro. Se le preimpostazioni non danno i risultati desiderati, passa alla regolazione manuale del bilanciamento del bianco.

5.   Regolazione in post-elaborazione: se scatti in RAW o hai la possibilità di regolare il bilanciamento del bianco in software di post-elaborazione come Adobe Lightroom o Photoshop, utilizza i cursori della temperatura e della tinta per ottimizzare il bilanciamento del bianco e del colore. Utilizza lo strumento Contagocce per selezionare un'area grigia neutra nell'immagine per una regolazione più precisa.

6. Correzione del colore per una rappresentazione accurata: la macrofotografia degli insetti presenta spesso colori brillanti e diversi. Utilizzare tecniche di correzione del colore per garantire una rappresentazione accurata di questi colori. Regola i singoli canali di colore, come rosso, verde e blu, per ottimizzare il bilanciamento del colore e far risaltare i veri colori dell'insetto.

7. Calibrazione del monitor: la calibrazione del monitor garantisce che i colori visualizzati sullo schermo siano accurati. Utilizza un dispositivo di calibrazione hardware per regolare le impostazioni del monitor e garantire una rappresentazione del colore coerente su diversi dispositivi.

8. Schede di riferimento: considera l'utilizzo di schede di riferimento, come schede grigie o schede di controllo del colore, nelle tue foto macro. Queste schede forniscono un riferimento noto per colore ed esposizione, semplificando la correzione accurata del colore in fase di post-elaborazione.

9. Mantieni intatti i colori naturali: sebbene siano necessarie regolazioni per ottenere colori accurati, è importante mantenere i colori naturali degli insetti. Evita di saturare eccessivamente o di migliorare artificialmente i colori oltre il loro aspetto naturale. Trova un equilibrio tra l'evidenziazione dei colori e il mantenimento dell'autenticità del soggetto.

La correzione del colore e le regolazioni del bilanciamento del bianco sono soggettive e possono variare in base alle preferenze personali e alle scelte creative. Sperimenta tecniche diverse e fidati del tuo occhio per ottenere un equilibrio cromatico che rappresenti al meglio la tua visione e la bellezza naturale degli insetti nelle tue fotografie macro.

Nitidezza e riduzione del rumore

La nitidezza e la riduzione del rumore sono tecniche essenziali nella macrofotografia degli insetti per migliorare i dettagli dell'immagine e ridurre il rumore indesiderato. Ecco alcuni suggerimenti per applicare queste tecniche in modo efficace:

1.   Affilatura:
•   Applicare la nitidezza come passaggio finale nel flusso di lavoro di modifica, dopo aver apportato altre modifiche.
•   Utilizzare un'immagine ad alta risoluzione e zoomare al 100% o al 200% per valutare con precisione il livello di nitidezza necessario.
•   Utilizzare tecniche di nitidezza selettiva per applicare la nitidezza solo alle aree che ne hanno più bisogno, come il corpo dell'insetto oi dettagli complessi.
•   Evitare una nitidezza eccessiva, poiché ciò potrebbe creare aloni o artefatti. Regola gradualmente la quantità e il raggio di nitidezza per un aspetto naturale e realistico.

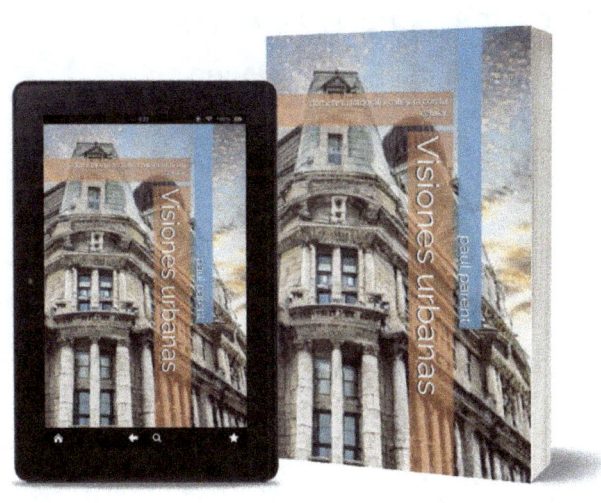

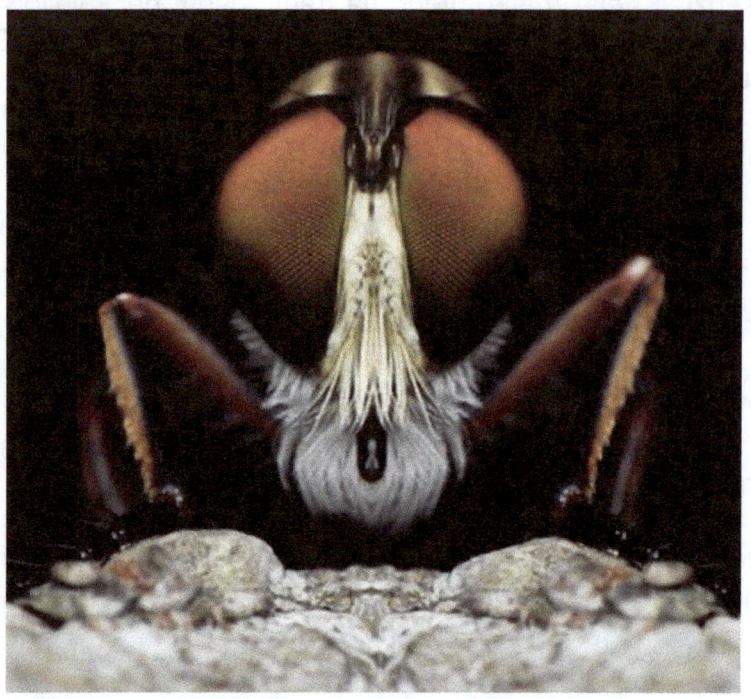

Credito fotografico: Paul Parent, frgs

Macro 200mm, f/4, iso 320, 1/2000

Pubblicato *tra gli altri su* Yahoo News, Caters News, My Modern Met, Twitter, Instagram.

Titolo: Grandi occhi

• Considera l'utilizzo di strumenti di nitidezza come Maschera di contrasto o Smart Sharpen in software di editing come Adobe Photoshop o Lightroom. Questi strumenti consentono un controllo più preciso dei parametri di nitidezza.

2. Riduzione del rumore:

• La fotografia macro spesso implica scattare con impostazioni ISO più elevate, che possono introdurre rumore nelle immagini. Adeguate tecniche di riduzione del rumore possono aiutare a minimizzarne l'impatto.

• Applicare la riduzione del rumore in modo selettivo per evitare di sacrificare dettagli importanti. Utilizza i pennelli di regolazione o gli strumenti di mascheramento per applicare la riduzione del rumore solo alle aree con rumore visibile.

• Utilizzare software o filtri per la riduzione del rumore, come lo strumento Riduzione del rumore di Adobe Lightroom o Photoshop, per ridurre sia la luminanza che il rumore del colore.

• Regolare attentamente l'intensità della riduzione del rumore per mantenere un equilibrio tra la riduzione del rumore e la conservazione dei dettagli dell'immagine. Fare attenzione a non uniformare eccessivamente l'immagine, poiché ciò potrebbe comportare una perdita di nitidezza e di dettagli fini.

• Prendi in considerazione l'utilizzo di plug-in di riduzione del rumore o software specializzato che offra algoritmi avanzati di riduzione del rumore progettati specificamente per la fotografia macro con ISO elevati.

3. Suggerimenti sul flusso di lavoro:

• Applicare la nitidezza e la riduzione del rumore in modo non distruttivo utilizzando i livelli di regolazione o lavorando su una copia dell'immagine originale. Ciò consente di perfezionare le impostazioni in un secondo momento, se necessario.

• Utilizzare tecniche di mascheramento per applicare selettivamente la nitidezza e la riduzione del rumore. Crea maschere per proteggere le aree in cui è necessario preservare i dettagli più fini mentre applichi queste modifiche ad altre aree che possono trarne beneficio.

• Periodicamente ingrandire e rivedere l'immagine con un ingrandimento del 100% o superiore per garantire che le impostazioni di nitidezza e riduzione del rumore applicate siano appropriate e non introducano artefatti indesiderati.

L'entità della nitidezza e della riduzione del rumore necessarie può variare a seconda dell'immagine specifica e dell'intento artistico. Assicurati di trovare un equilibrio tra il miglioramento dei dettagli e il mantenimento di un aspetto naturale nelle tue fotografie macro di insetti. Esercitati e sperimenta diverse tecniche per affinare le tue capacità di nitidezza e riduzione del rumore, assicurandoti che le tue immagini siano visivamente accattivanti e prive di rumori che distraggono.

10 PRESENTARE E CONDIVIDERE LE VOSTRE MACROFOTOGRAFIE DI INSETTI

Costruire una presenza online

Costruire una presenza online per la tua macrofotografia di insetti è fondamentale per mostrare il tuo lavoro, connetterti con un pubblico più ampio e potenzialmente attirare clienti o opportunità. Ecco alcuni passaggi per aiutarti a stabilire una presenza online:

1. Crea un sito web per portfolio fotografico:
• Scegli un nome di dominio che rifletta la tua nicchia fotografica e sia facile da ricordare.
• Seleziona un costruttore di siti web o un sistema di gestione dei contenuti (CMS) di facile utilizzo per creare il tuo sito web portfolio. GoDaddy.com, WordPress, Squarespace e Wix sono opzioni popolari.
• Organizza il tuo sito web con sezioni separate per diverse categorie di macrofotografie di insetti, come habitat, comportamenti o specie.
• Visualizza le tue immagini migliori in formati ad alta risoluzione e ottimizzale per tempi di caricamento rapidi.
• Fornisci informazioni chiare e concise su di te, sul tuo background e sul tuo approccio fotografico.
• Includere una pagina "Informazioni", informazioni di contatto e collegamenti ai tuoi account di social media.

2. Sfruttare le piattaforme di social media:
• Scegli le piattaforme di social media che corrispondono al tuo pubblico target e al tuo stile fotografico. BetterPhoto.com, Instagram, Facebook e Twitter sono scelte popolari per la condivisione di contenuti visivi.
• Crea una pagina aziendale dedicata o un account separato dai tuoi profili personali.

• Condividi regolarmente le tue migliori fotografie macro di insetti, accompagnate da didascalie che forniscono contesto, fatti interessanti o storie dietro le immagini.

• Interagisci con altri fotografi, appassionati e potenziali clienti seguendo, commentando e condividendo i loro contenuti rilevanti.

• Utilizza hashtag pertinenti per aumentare la visibilità dei tuoi post. Trova e utilizza gli hashtag più popolari relativi agli insetti , nonché quelli specifici della macrofotografia.

3. Interagisci con le comunità online:

• Partecipa a forum online, gruppi di fotografia e comunità incentrate su insetti, macrofotografia o natura. Partecipa attivamente condividendo le tue idee, consigli e fotografie.
• Contribuisci alle discussioni online, rispondi alle domande e fornisci preziosi feedback ad altri fotografi.
• Collaborare con altri fotografi o appassionati su progetti comuni, mostre o pubblicazioni.

• Sollecita feedback e critiche sul tuo lavoro per migliorare le tue capacità e ottenere visibilità.

4. Blog e guest post:
• Crea un blog sul tuo sito web di fotografia per condividere storie, esperienze e articoli approfonditi sulla macrofotografia degli insetti.

• Scrivere articoli informativi e coinvolgenti che forniscano suggerimenti, tecniche o contenuti educativi relativi agli insetti, alla macrofotografia o alla conservazione della natura.

• Cerca opportunità per pubblicare post su altri blog o siti Web con un pubblico simile. Questo può aiutarti a raggiungere un pubblico più ampio e ad affermarti come esperto nel tuo campo.

4. Partecipare a concorsi e mostre:

• Invia le tue macrofotografie di insetti a concorsi fotografici, sia online che offline. Vincere o partecipare a concorsi può aumentare la tua visibilità e credibilità

• Esplora le opportunità per esporre il tuo lavoro in gallerie, centri naturalistici o mostre locali incentrate sulla fotografia naturalistica o naturalistica. Questo può aiutarti a entrare in contatto con appassionati d'arte e potenziali clienti.

5. Networking e collaborazione:

• Partecipa a incontri di fotografia, workshop, conferenze o eventi legati alla natura per entrare in contatto con altri fotografi, professionisti o appassionati.

• Cercare opportunità di collaborazione con ricercatori, organizzazioni ambientaliste o pubblicazioni interessate alla macrofotografia degli insetti.

• Collaborare con professionisti del settore, come entomologi, naturalisti o comunicatori scientifici, che possono fornire informazioni o condividere il tuo lavoro con un pubblico pertinente.

6. SEO e marketing online:

• Ottimizza il tuo sito web e i profili dei social media per i motori di ricerca utilizzando parole chiave, titoli e descrizioni pertinenti.

• Aggiorna regolarmente il tuo sito web e il tuo blog con nuovi contenuti per attirare traffico dai motori di ricerca.

• Condividi il tuo lavoro e i collegamenti ai siti Web su piattaforme online pertinenti, directory fotografiche e siti Web specifici del settore.

Costruire una presenza online richiede tempo e impegno costante. Sii attivo, interagisci con il tuo pubblico e migliora continuamente le tue capacità fotografiche.

Autenticità, contenuti di qualità e una vera passione per la macrofotografia degli insetti ti aiuteranno a distinguerti nel mondo digitale.

Partecipa ai concorsi fotografici con la macrofotografia degli insetti

I concorsi fotografici forniscono una piattaforma fantastica per mostrare le tue abilità, ottenere riconoscimenti e connetterti con un pubblico più ampio.

Se sei specializzato nella macrofotografia degli insetti e vuoi partecipare a concorsi, ecco alcuni consigli per aumentare le tue possibilità di successo:

1. Cerca e seleziona i concorsi appropriati:

• Cerca concorsi fotografici che includano o si concentrino specificamente sulle categorie natura, fauna selvatica o macrofotografia. Questi concorsi hanno spesso sezioni dedicate alla fotografia di insetti.

• Leggere attentamente le linee guida del concorso per comprendere i requisiti di presentazione, le categorie, le scadenze e le regole o i temi specifici.

2.   Seleziona le tue immagini migliori:
•   Scegli le tue fotografie macro di insetti più sorprendenti che dimostrino abilità tecnica, merito artistico e narrazione.

•   Valuta la possibilità di selezionare immagini che mettano in risalto la bellezza, il comportamento o le caratteristiche uniche degli insetti. Cerca composizioni accattivanti, dettagli squisiti o momenti intriganti catturati nelle tue fotografie.

Titolo: Sono affari miei II

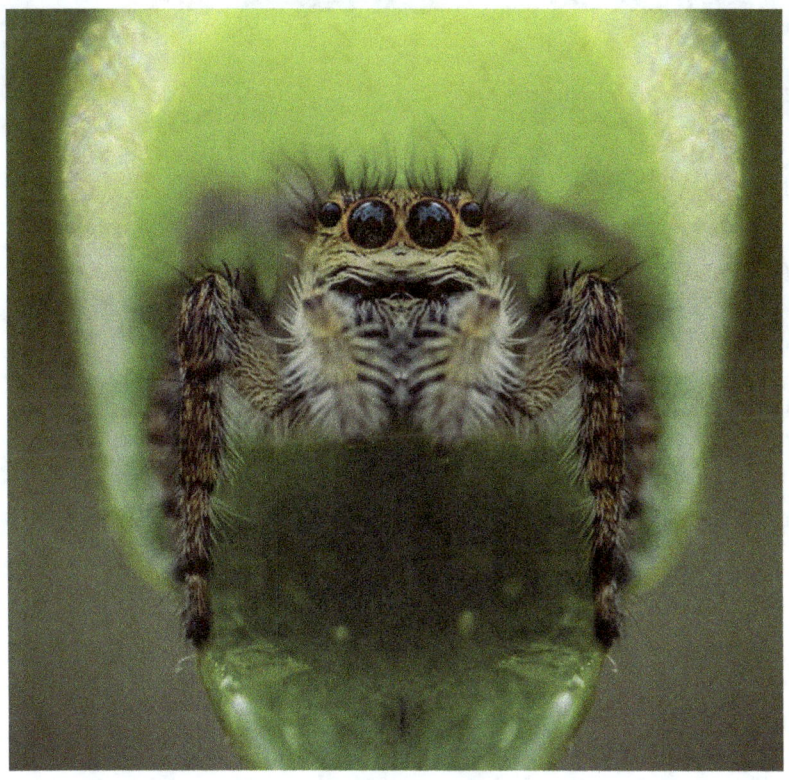

Credito fotografico: Paul Parent, frgs

Macro 200mm, f/8, iso 320, 1/4000, modalità burst

Vincitore del secondo posto su BetterPhoto.com; pubblicati *in particolare su* Twitter e Instagram.

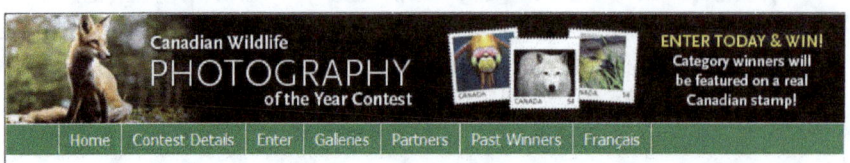

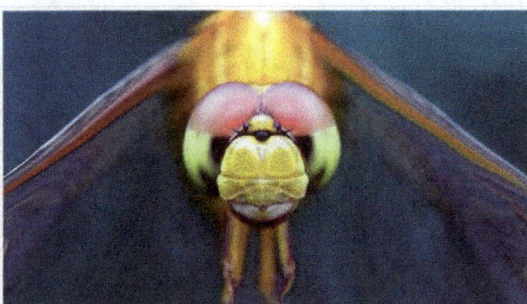

**All Other Animals / Tous autres animaux
Category Winner / Gagnant**

Never satisfied with his photos of people, Paul Parent of Montréal prefers to photograph insects, such as this four-spotted skimmer dragonfly. Parent patiently waited for hours in parc des Laurentides to capture this shot, which, he says, took "close to 500 frames to get."

Jamais satisfait de ses photographies de personnes, Paul Parent, de Montréal, préfère croquer les insectes, tels que les libellules quadrimaculées. Paul a patienté des heures dans le parc des Laurentides afin de prendre cette photo, qui a nécessité, précise-t-il, « près de 500 clichés ».

2.   Presta attenzione ai requisiti tecnici:

•   Assicurati che le tue immagini soddisfino le specifiche tecniche del concorso, come formato file, risoluzione e dimensioni. Seguire attentamente le istruzioni per evitare la squalifica.

•   Assegna un nome corretto ai file di immagine e includi metadati pertinenti, come nome, titolo dell'immagine e posizione. Questo aiuta a identificare e accreditare il tuo lavoro.

3.   Abbraccia il tema e distinguiti:

•   Se il concorso ha un tema specifico, pensa attentamente a come le tue macrofotografie di insetti si adattano ad esso. Cerca modi per trasmettere il tema attraverso l'argomento, la composizione o l'approccio narrativo.

•   Trova angoli, prospettive o momenti unici per creare immagini straordinarie che affascinano giudici e spettatori. Mostra la tua creatività e originalità rimanendo fedele all'essenza della macrofotografia degli insetti.

4.   Presta attenzione alla modifica e alla presentazione delle immagini:

•   La post-elaborazione può migliorare le immagini, ma evita una manipolazione eccessiva che altera l'aspetto naturale degli insetti. Mantieni un equilibrio tra il miglioramento dell'impatto visivo e la preservazione dell'autenticità dei tuoi soggetti.

•   Assicurati che le tue tecniche di post-elaborazione evidenzino i dettagli intricati, i colori e le texture degli insetti senza apparire eccessivamente elaborati o artificiali.

• Presenta le tue immagini in modo coerente e visivamente accattivante. Prendi in considerazione la creazione di un portfolio o di una serie che racconti una storia avvincente o mostri un aspetto specifico della macrofotografia degli insetti.

5. Leggi i criteri di valutazione:

• Familiarizzare con i criteri di valutazione del concorso. Comprendi cosa cercano i giudici, come l'eccellenza tecnica, la composizione, la creatività, la narrazione o l'impatto emotivo.

• Valuta le tue immagini rispetto a questi criteri e apporta eventuali modifiche o miglioramenti necessari prima di inviarle.

6. Invia in anticipo e segui le linee guida:

• Evitate le corse dell'ultimo minuto inviando le vostre candidature con largo anticipo rispetto alla scadenza. Ciò consente di controllare e apportare le modifiche finali, se necessario.

• Seguire attentamente le linee guida per l'invio, incluso il numero di iscrizioni consentite, le quote di iscrizione e qualsiasi informazione di supporto richiesta o dichiarazioni dell'artista.

7. Impara dall'esperienza:

• Anche se non vinci o non vieni selezionato come finalista, considera la partecipazione al concorso come un'opportunità di crescita e apprendimento. Prendi nota dei commenti forniti dai giudici, se presenti, per capire come puoi migliorare il tuo lavoro.

• Usa l'esperienza della competizione come motivazione per continuare ad affinare le tue abilità, esplorare nuove tecniche e sviluppare la tua creatività nella macrofotografia degli insetti.

La partecipazione ai concorsi fotografici deve essere vista come un'opportunità per condividere la propria passione, ottenere visibilità e ricevere feedback costruttivi. Abbraccia il processo, abbi fiducia nel tuo lavoro e continua a sviluppare la tua prospettiva unica nell'entusiasmante mondo della macrofotografia degli insetti.

Collabora con pubblicazioni scientifiche e naturalistiche

Collaborare con pubblicazioni scientifiche e naturalistiche può essere una gratificante opportunità per i macrofotografi di insetti di condividere il proprio lavoro, contribuire alla conoscenza scientifica e raggiungere un pubblico più ampio. Ecco alcuni suggerimenti per collaborare con successo con queste pubblicazioni:

1.   Pubblicazioni rilevanti per la ricerca:

• Identificare le pubblicazioni scientifiche e naturalistiche che corrispondono ai tuoi interessi, competenze e stile fotografico.

Cerca riviste, giornali, siti web o blog incentrati sull'entomologia, sull'ecologia, sulla fauna selvatica o sulla conservazione della natura.

• Acquisire familiarità con il contenuto della pubblicazione, il pubblico e le linee guida per l'invio per garantire che il proprio lavoro sia adatto.

2.   Costruisci un portafoglio forte:

•   Sviluppa un portfolio di macrofotografie di insetti che metta in mostra le tue capacità tecniche, visione artistica e capacità di catturare la bellezza e le sottigliezze degli insetti.

•   Includere una vasta gamma di immagini che mettono in risalto specie, comportamenti, habitat o prospettive uniche diverse. Ciò dimostra la tua versatilità e competenza nella macrofotografia degli insetti.

3.   Comprendere le esigenze della pubblicazione:

•   Cercare argomenti, temi o aree di interesse specifici trattati nella pubblicazione. Adatta il tuo portfolio e i tuoi contributi per allinearli al loro scopo.

•   Leggere articoli recenti o articoli per avere una panoramica dello stile, del tono e delle preferenze visive della pubblicazione. Questo ti aiuta ad allineare il tuo lavoro con i loro requisiti estetici e narrativi.

4.   Presenta le tue idee:

•   Sviluppa idee per storie avvincenti o proposte di articoli che combinano la tua macrofotografia di insetti con contenuti informativi e coinvolgenti.

•   Esprimi chiaramente la pertinenza, l'unicità e il potenziale impatto della collaborazione proposta per attirare l'attenzione degli editori o dei gestori dei contenuti.

•   Evidenzia come le tue fotografie possono contribuire agli obiettivi della pubblicazione, illustrando concetti scientifici, evidenziando problemi di conservazione o mostrando la bellezza e la diversità degli insetti.

5.   Sviluppare relazioni:

•   Partecipa a conferenze, workshop o eventi rilevanti in cui puoi incontrare professionisti nel settore dell'editoria scientifica e naturalistica.

•   Interagire con editori, scrittori o ricercatori tramite social media, e-mail o opportunità di networking. Mostrare genuino interesse per il proprio lavoro e offrire supporto o informazioni ove appropriato.

•   Collaborare con scienziati, ricercatori o organizzazioni ambientaliste che potrebbero lavorare su progetti o pubblicazioni relativi agli insetti. La loro esperienza può fornire informazioni preziose e aumentare la credibilità del tuo lavoro.

6.   Fornisci contenuti di alta qualità:

•   Quando collabori con pubblicazioni, assicurati che le tue fotografie soddisfino i requisiti tecnici di risoluzione, precisione del colore e formati di file.

•   Fornire una gamma di immagini di grande impatto visivo, ben composte e che dimostrino attenzione ai dettagli.

•   Accompagna le tue immagini con didascalie o descrizioni accurate e informative che forniscano un contesto scientifico o di storia naturale. Ciò aggiunge valore al post e aiuta a informare i lettori sugli insetti che stanno osservando.

7.   Rispettare le linee guida e le scadenze di pubblicazione:

•   Acquisire familiarità con le linee guida per la presentazione e le scadenze di pubblicazione. Segui le loro specifiche per dimensioni dell'immagine, formati di file e supporti.

• Rispettare le scadenze e rispondere a eventuali commenti editoriali o richieste di revisione.

8. Mantenere la professionalità e i diritti:

• Discutere e accettare chiaramente i termini della collaborazione, compresi i diritti di utilizzo, i requisiti di compenso o di attribuzione. Comprendere le politiche della pubblicazione relative alla proprietà e all'utilizzo delle immagini.

• Mantenere professionalità e integrità nelle vostre interazioni, rispettando accordi e scadenze.

La collaborazione con pubblicazioni scientifiche e naturalistiche è una strada a doppio senso. Ti offre visibilità e credibilità contribuendo alla diffusione della conoscenza scientifica e alla valorizzazione della natura.

Sii paziente, persistente e proattivo nella ricerca di queste opportunità e cerca sempre l'eccellenza nella macrofotografia degli insetti.

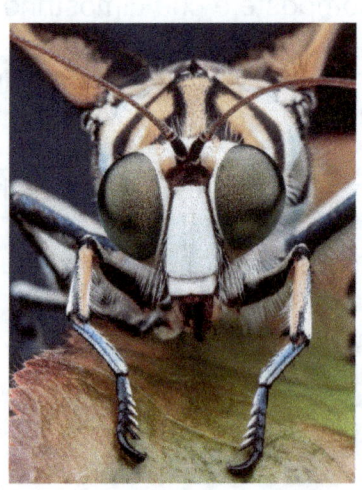

Titolo: La piccola libellula

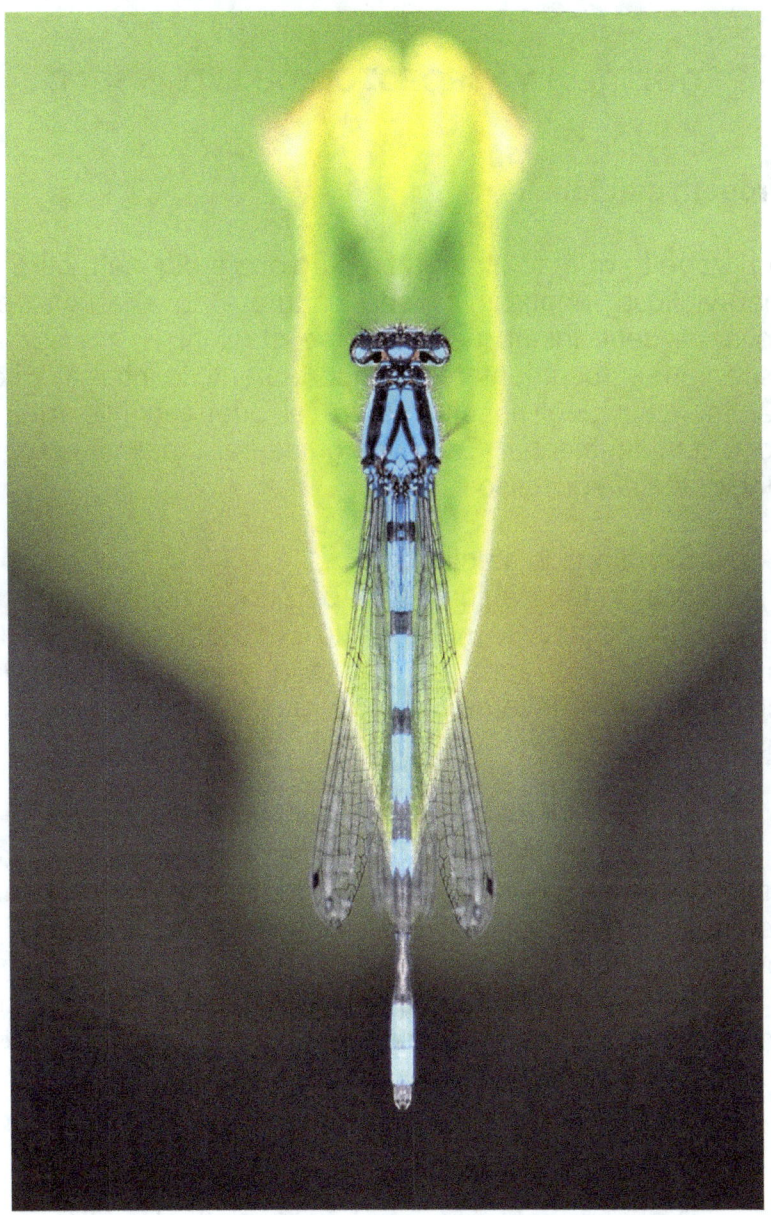

Credito fotografico: Paul Parent, frgs

Macro 60mm, f/2.8, iso 200, 1/4000, modalità burst.

11 PROGETTI DI MACROFOTOGRAFIA DI INSETTI

Progetti stagionali

Un progetto di macrofotografia stagionale di insetti offre una meravigliosa opportunità per catturare la diversità e la bellezza degli insetti nelle diverse stagioni. Ti consente di osservare e documentare i comportamenti, le interazioni e gli habitat unici degli insetti mentre si adattano alle mutevoli condizioni ambientali. Ecco una guida per creare un progetto stagionale di successo:

1.   Seleziona le stagioni:
•   Scegli le stagioni che offrono i cambiamenti più significativi nell'attività, nell'aspetto o nel comportamento degli insetti nella tua zona. Pensa alla primavera, all'estate, all'autunno e all'inverno, ognuno dei quali offre opportunità distinte per la macrofotografia degli insetti.

2.   Ricerca sui cicli di vita degli insetti:
•   Comprendere i cicli di vita dei diversi insetti durante ogni stagione. Scopri la loro emergenza, i comportamenti di accoppiamento, le abitudini alimentari e i modelli di ibernazione o migrazione.
•   Identificare le specie di insetti specifiche che sono importanti o caratteristiche di ogni stagione. Questa conoscenza ti aiuterà a concentrare i tuoi sforzi e a catturare i momenti più interessanti.

3.   Pianifica le tue posizioni:
•   Ricercare e identificare luoghi adatti che offrano una ricca diversità di insetti in ogni stagione. Considera l'idea di visitare parchi, giardini, riserve naturali o anche il tuo giardino.

• Esplora diversi habitat come praterie, foreste, zone umide o ambienti urbani per incontrare una varietà di specie di insetti.

4. Preparazione dell'attrezzatura:

• Assicurati di avere l'attrezzatura necessaria per la macrofotografia degli insetti, inclusi un obiettivo macro, un treppiede, diffusori e riflettori.

Prendi in considerazione l'utilizzo di tubi di prolunga o filtri ravvicinati per una messa a fuoco ancora più precisa.

• Portare con sé batterie di riserva, schede di memoria ed eventuali accessori aggiuntivi per gestire varie condizioni di illuminazione e ambientali.

6. Documentare i cambiamenti stagionali:

• Cattura le caratteristiche uniche di ogni stagione attraverso le tue fotografie. In primavera, concentrati sugli insetti emergenti, sui fiori in boccio e sui colori vivaci. L'estate offre numerose attività, tra cui rituali di accoppiamento, alimentazione e impollinazione.

L'autunno offre l'opportunità di catturare insetti che si preparano per l'inverno, fogliame colorato e transizioni stagionali. L'inverno può offrire l'opportunità di fotografare gli insetti in climi freddi, gelati o in paesaggi innevati.

• Sperimenta composizioni, luci e angolazioni diverse per evidenziare l'essenza di ogni stagione. Esplora dettagli macro, scatti ambientali o prospettive grandangolari per aggiungere varietà al tuo progetto.

6.   Ricerca e impara:
•   Sviluppa continuamente la tua conoscenza degli insetti, dei loro comportamenti e del loro ruolo ecologico. Comprendere le interconnessioni tra gli insetti e il loro ambiente.

•   Mantieniti informato sulle popolazioni locali di insetti, sui tempi di emergenza e su qualsiasi evento o fenomeno degno di nota correlato agli insetti.

7.   Coerenza e tiro regolare:

•   Impegnarsi in sessioni di riprese regolari durante le stagioni scelte. Ciò ti consentirà di catturare la progressione e i cambiamenti nell'attività degli insetti nel tempo.

•   Pianifica i tuoi scatti negli orari ottimali della giornata, tenendo conto delle condizioni di illuminazione e dei modelli di attività degli insetti. Le prime ore del mattino e il tardo pomeriggio spesso offrono una migliore illuminazione e insetti più silenziosi.

8.   Racconta una storia:

•   Valuta la possibilità di documentare il tuo progetto in modo narrativo. Cattura non solo i singoli insetti, ma anche le loro interazioni, comportamenti e relazioni con l'ambiente.

•   Includere foto dell'ambiente per fornire contesto ed evidenziare l'habitat degli insetti. Concentrati sulla cattura di momenti che evocano emozioni, curiosità o senso di meraviglia per il mondo in miniatura degli insetti.

9.   Post-elaborazione e presentazione:

•   Modifica le tue immagini per migliorarne l'impatto visivo e garantire toni e colori coerenti durante tutto il tuo progetto stagionale.

•   Considera la possibilità di creare una serie di immagini o un saggio fotografico che racconti la storia del tuo progetto stagionale.

Pubblicali sul tuo sito web, sui social media o prendi in considerazione l'idea di ospitare una mostra locale.

10.   Condividere ed educare:

•   Condividi il tuo progetto stagionale con altri per ispirare e aumentare la consapevolezza delle meraviglie della macrofotografia degli insetti. Scrivi post sul blog, crea post sui social media o addirittura fai presentazioni ai club o alle scuole naturalistiche locali.

•   Fornisci informazioni educative insieme alle tue immagini, spiegando l'importanza degli insetti nell'ecosistema e l'importanza di conservare i loro habitat.

Un progetto stagionale sulla macrofotografia degli insetti non solo ti consente di catturare immagini straordinarie, ma approfondisce anche la tua comprensione del mondo naturale.

Ti consente di documentare l'incredibile diversità e gli adattamenti degli insetti durante tutto l'anno, mettendo in mostra la loro complessa bellezza e importanza ecologica. Goditi il processo, sii paziente e cogli l'opportunità di esplorare l'affascinante campo della macrofotografia degli insetti in ogni stagione.

Documentare insetti rari e in via di estinzione: il ruolo di un fotografo macro

Come fotografo macro, hai l'opportunità unica di contribuire alla documentazione e alla conservazione di insetti rari e in via di estinzione.

Focalizzando il tuo obiettivo su queste straordinarie creature, puoi sensibilizzare, educare il pubblico e sostenere gli sforzi per proteggere i loro fragili habitat.

Ecco una guida su come affrontare la documentazione di insetti rari e in via di estinzione:

1.   Cercare e identificare le specie target:

•   Acquisisci familiarità con le specie di insetti rare e in via di estinzione nella tua regione o nelle aree a cui hai accesso. Consulta entomologi locali, organizzazioni ambientaliste o agenzie governative per raccogliere informazioni sulle specie prioritarie.

•   Studiare le loro caratteristiche, le preferenze dell'habitat, il comportamento e lo stato di conservazione. Questa conoscenza ti aiuterà a individuarli e fotografarli in modo più efficace.

2.   Collaborare con esperti:

•   Stabilire contatti con entomologi, ambientalisti o ricercatori che lavorano su insetti rari e in via di estinzione.

La collaborazione con gli esperti fornisce informazioni preziose, indicazioni e accesso a informazioni critiche.

• Partecipare a conversazioni, partecipare a conferenze o workshop pertinenti e fare volontariato per progetti di ricerca o di monitoraggio sul campo. Questo approccio collaborativo garantisce che la tua fotografia corrisponda alle conoscenze scientifiche e agli obiettivi di conservazione.

3. Ottenere autorizzazioni e permessi:

• Alcune specie rare o minacciate possono essere protette, richiedendo permessi o autorizzazioni per accedere ai loro habitat o manipolarli per la fotografia. Assicurati di seguire tutte le linee guida legali ed etiche riguardanti la protezione e la conservazione delle specie.

• Lavorare a stretto contatto con le autorità competenti per ottenere i permessi necessari o partecipare a sondaggi o programmi di monitoraggio autorizzati.

Seguire eventuali restrizioni o protocolli in atto per ridurre al minimo i disturbi e mantenere gli insetti e i loro habitat al sicuro.

4. Preservare il comportamento e l'habitat naturali:

• Quando si documentano insetti rari e in via di estinzione, dare priorità al loro benessere e alla preservazione del loro comportamento e habitat naturali. Ridurre al minimo i disagi ed evitare qualsiasi azione che possa danneggiare i soggetti o il loro ambiente.

• Non lascia traccia. Pratica un lavoro sul campo responsabile e rispetta i principi della fotografia etica della fauna selvatica. Mantenere una distanza rispettosa, utilizzare teleobiettivi ed evitare di interferire con le loro attività naturali. Ricorda che il benessere degli insetti viene prima di tutto.

5.   Cattura immagini dettagliate:
•   Usa le tue abilità di macrofotografia per catturare immagini dettagliate e accattivanti di insetti rari e in via di estinzione. Concentrati sulla presentazione delle loro caratteristiche uniche, dei modelli intricati e di eventuali caratteristiche distintive.
•   Presta attenzione alla composizione, all'illuminazione e allo sfondo per creare immagini di grande impatto visivo che mettano in risalto la bellezza e l'importanza di queste specie. Sperimenta diversi angoli, prospettive e lunghezze focali per presentarli in modo coinvolgente e informativo.

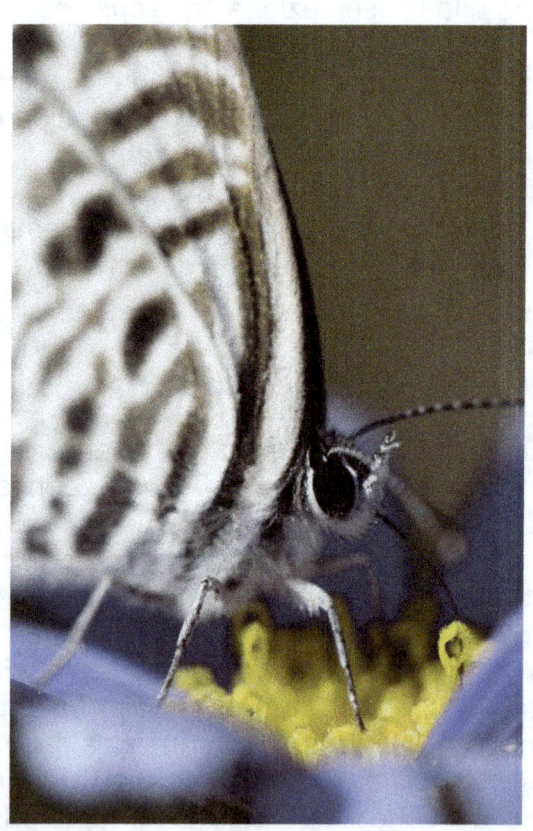

Credito fotografico: Paul Parent, frgs

Macro 150 mm, f/2,8, ISO 250, flash R1C1

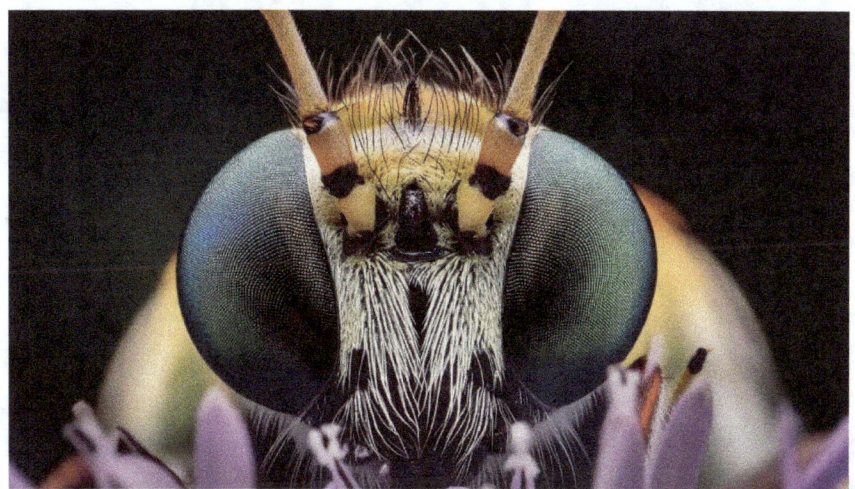

6.   Racconta la loro storia:

•   Accompagna le tue fotografie con storie avvincenti per sensibilizzare ed educare gli spettatori sull'importanza di questi insetti rari e in via di estinzione.

•   Evidenziare il ruolo ecologico delle specie, la loro importanza nel mantenimento della biodiversità e le minacce che devono affrontare. Condividere informazioni sui loro cicli di vita, sulle esigenze dell'habitat e sugli sforzi di conservazione intrapresi per proteggerli.

8.   Collaborare con le organizzazioni ambientaliste:

•   Creare partenariati con organizzazioni ambientaliste locali o nazionali che lavorano per proteggere gli insetti rari e in via di estinzione. Offri la tua fotografia e la tua esperienza per sostenere le loro campagne educative, pubblicazioni o attività di sensibilizzazione.

•   Fornire immagini di alta qualità da utilizzare nella ricerca scientifica, nella valutazione delle specie o nella valutazione della conservazione. La collaborazione con queste organizzazioni rafforza il tuo impatto e garantisce che il tuo lavoro raggiunga un pubblico più ampio.

9.   Condividi il tuo lavoro e sensibilizza:

•   Utilizza varie piattaforme per mostrare le tue fotografie e sensibilizzare sugli insetti rari e in via di estinzione. Crea un portfolio online o un sito web dedicato in cui gli spettatori possano conoscere queste specie e il loro stato di conservazione.

•   Condividi le tue immagini e storie tramite social media, blog o mostre fotografiche. Collabora con riviste naturalistiche, siti Web o altri media per pubblicare articoli o servizi che mettono in risalto l'importanza di questi insetti.

•   Coinvolgere il pubblico, incoraggiandolo ad apprezzare e rispettare queste delicate creature, sottolineando al tempo stesso l'urgenza degli sforzi di conservazione.

Documentando insetti rari e in via di estinzione attraverso la tua macrofotografia, diventi un sostenitore della loro protezione e conservazione.

Le tue immagini e storie possono ispirare gli altri ad apprezzare la bellezza unica e l'importanza ecologica di queste specie, promuovendo un senso di responsabilità per garantire la loro sopravvivenza per le generazioni future. Insieme, attraverso l'arte e la conservazione, possiamo fare la differenza nel salvare queste straordinarie creature.

Concentrarsi su specifici ordini o famiglie di insetti: un viaggio nella macrofotografia

Come macrofotografo di insetti, un modo per approfondire la tua esperienza ed esplorare l'incredibile diversità degli insetti è concentrarti su ordini o famiglie di insetti specifici.

Restringendo la tua attenzione e approfondendo le caratteristiche e i comportamenti di particolari gruppi, puoi scoprire meraviglie nascoste e contribuire alla conoscenza collettiva di queste affascinanti creature. Ecco una guida su come intraprendere questo affascinante viaggio:

1.   Ricerca e scegli il tuo obiettivo:

•   Inizia ricercando diversi ordini o famiglie di insetti che suscitano il tuo interesse. Considera le loro caratteristiche uniche, i ruoli ecologici e la disponibilità delle specie all'interno di ciascun gruppo nella tua zona.

•   Esplora il vasto mondo di scarafaggi, farfalle e falene, api e vespe, formiche, libellule e libellule, cavallette e grilli o qualsiasi altro gruppo specifico di insetti che catturi la tua immaginazione.

2.   Studia le loro caratteristiche:

•   Approfondisci gli intricati dettagli e le caratteristiche dell'ordine o della famiglia di insetti che hai scelto. Scopri le loro caratteristiche fisiche, i cicli di vita, i comportamenti di accoppiamento, le abitudini alimentari e gli habitat.

•   Acquisire familiarità con le caratteristiche specifiche che li differenziano dagli altri gruppi. Questa conoscenza non solo migliorerà la tua fotografia, ma approfondirà anche la tua comprensione della loro importanza ecologica.

3.   Lavoro sul campo e osservazione:
4.

•   Partecipare al lavoro sul campo e trascorrere del tempo osservando gli insetti nei loro habitat naturali. Cerca luoghi noti per la diversità del gruppo di insetti prescelto, come ecosistemi specifici, regioni geografiche o persino microhabitat come praterie, foreste o zone umide.

•   Sii paziente e attento, studiando il comportamento, i modelli di movimento e gli habitat preferiti degli insetti prescelti.

Questa comprensione ti aiuterà ad anticipare le loro azioni e a catturare momenti unici attraverso il tuo obiettivo.

5.   Attrezzature e tecniche:

•   Equipaggiati con l'attrezzatura necessaria per la fotografia macro, incluso un obiettivo macro dedicato , un treppiede e altri accessori adatti a catturare gli intricati dettagli degli insetti di tua scelta.

•   Sperimenta varie tecniche come il focus stacking, l'illuminazione diffusa e diverse angolazioni per far emergere il meglio dai tuoi soggetti.

Pratica diverse composizioni ed esplora sia i primi piani che i ritratti ambientali per evidenziare il contesto e la bellezza degli insetti nei loro habitat naturali.

6.   Diversità dei documenti:

•   Cattura una varietà di specie all'interno dell'ordine o della famiglia degli insetti di tua scelta. Mostra le varie forme, colori, modelli e adattamenti che esistono all'interno del gruppo.

•   Concentrarsi sulle singole specie o esplorare le interazioni e le relazioni tra specie diverse all'interno dello stesso ordine o famiglia.

Evidenziare i loro ruoli ecologici e l'interconnettività di questi organismi all'interno dei rispettivi ecosistemi.

7.   Conservazione ed educazione:

•   Usa le tue fotografie per sensibilizzare sull'importanza della conservazione di questi specifici ordini o famiglie di insetti. Condividere informazioni sui loro contributi ecologici, sulle minacce che devono affrontare e sugli sforzi di conservazione in corso.

•   Collabora con entomologi, ricercatori o organizzazioni ambientaliste focalizzate sul gruppo di insetti prescelto. Invia le tue immagini per materiali didattici, pubblicazioni scientifiche o iniziative di sensibilizzazione del pubblico per amplificare l'impatto del tuo lavoro.

8.   Condividi e connettiti:

•   Mostra le tue fotografie su varie piattaforme come portfolio online, social media o mostre dedicate alla macrofotografia degli insetti.

•   Chatta con altri fotografi, appassionati di natura e scienziati che condividono la passione per l'ordine o la famiglia di insetti che hai scelto. Partecipa a forum, workshop o conferenze per scambiare conoscenze, imparare dagli altri e costruire una comunità attorno al tuo interesse comune.

Concentrarti su ordini o famiglie specifici di insetti nella tua macrofotografia ti consente di diventare un esperto del loro mondo. Attraverso le tue immagini e le tue conoscenze, puoi ispirare gli altri ad apprezzare la straordinaria diversità e la complessa bellezza di questi insetti, promuovendo al tempo stesso una comprensione più profonda della loro importanza ecologica. Quindi, scegli il tuo gruppo di insetti preferito e intraprendi un affascinante viaggio di scoperta attraverso il tuo obiettivo!

12 CONSERVAZIONE E CONSIDERAZIONI ETICHE

Aumentare la consapevolezza attraverso la fotografia: guidare il cambiamento come macrofotografo di insetti

In qualità di fotografo macro di insetti, hai a disposizione un potente strumento per sensibilizzare e ispirare azioni volte a proteggere i delicati ecosistemi in cui vivono gli insetti. Attraverso le tue immagini accattivanti, puoi evidenziare la bellezza, la diversità e l'importanza ecologica degli insetti, incoraggiando gli altri ad apprezzare e conservare queste straordinarie creature. Ecco una guida su come aumentare efficacemente la consapevolezza con la macrofotografia degli insetti:

1.   Evidenziare la bellezza e la diversità:
•   Cattura immagini straordinarie che mettono in risalto i dettagli intricati, i colori vivaci e le caratteristiche uniche degli insetti. Usa i primi piani per rivelare il mondo nascosto di queste minuscole creature, evidenziandone la bellezza accattivante.

•   Concentrarsi su un'ampia gamma di specie di insetti, da quelli più comuni a quelli meno conosciuti o minacciati. Questo approccio evidenzia l'incredibile diversità degli insetti e sottolinea l'importanza di preservare i loro habitat.

2.   Educare e informare:
•   Accompagna le tue fotografie con didascalie o articoli didattici che forniscono preziose informazioni sugli insetti presenti.

Condividi fatti interessanti sui loro comportamenti, cicli di vita, ruoli ecologici e ecosistemi in cui vivono.

• Usa la tua piattaforma per aumentare la consapevolezza sulle sfide che gli insetti devono affrontare, come la perdita di habitat, l'inquinamento, il cambiamento climatico e l'uso di pesticidi.

Spiegare le conseguenze di queste minacce sugli ecosistemi e sull'equilibrio generale della natura.

Titolo: Brutto e marrone

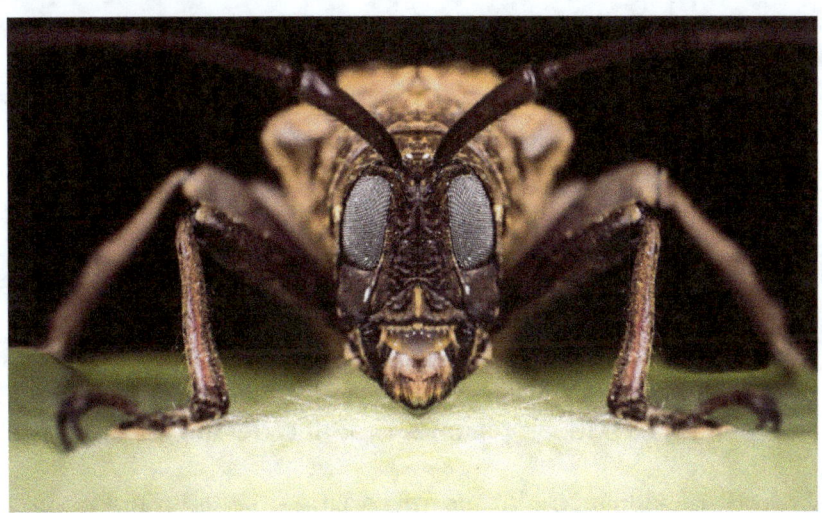

Credito fotografico: Paul Parent, frgs

Macro 105 mm, f/4, iso 400, 1/2000

Pubblicato per la prima volta in questo libro.

3. Racconta storie e crea connessioni:

• Crea storie attorno alle tue fotografie per creare un sentimento di connessione ed empatia con il tuo pubblico. Condividi esperienze personali, incontri o storie che mettono in risalto l'importanza degli insetti nella nostra vita e nel mondo naturale.

• Collegare il comportamento e le caratteristiche degli insetti a questioni ambientali più ampie, sottolineando la complessa rete della vita in cui svolgono un ruolo vitale. Mostra come il loro declino o la loro scomparsa possano avere conseguenze di vasta portata.

5. Collaborare con le organizzazioni ambientaliste:

• Collaborare con organizzazioni ambientaliste locali o nazionali focalizzate sulla conservazione degli insetti. Invia le tue fotografie da utilizzare nei loro materiali didattici, campagne o progetti di ricerca scientifica.

• Collaborare a iniziative congiunte, come mostre, workshop o programmi di citizen science, per coinvolgere il pubblico negli sforzi di conservazione degli insetti. Combinando le tue capacità fotografiche con la loro esperienza, puoi amplificare l'impatto del tuo lavoro.

6. Utilizza piattaforme online e social media:

• Stabilire una forte presenza online attraverso un sito web dedicato, un blog o un social media. Condividi regolarmente le tue macrofotografie, storie e contenuti educativi degli insetti per raggiungere un pubblico più ampio .

• Interagisci con i tuoi iscritti e rispondi ai loro commenti e domande. Incoraggia il dialogo, condividi le tue idee e promuovi una comunità di appassionati di insetti e individui attenti alla conservazione.

7. Sensibilizzazione del pubblico e mostre:

• Organizza mostre fotografiche o partecipa a mostre esistenti per presentare il tuo lavoro a un pubblico più ampio. Collabora con gallerie, musei o istituzioni educative per raggiungere persone che potrebbero non essere esposte alla fotografia naturalistica.

• Partecipare a eventi di sensibilizzazione del pubblico, festival della natura o laboratori in cui puoi condividere con gli altri la tua conoscenza e passione per gli insetti. Fornendo esperienze pratiche e attività coinvolgenti, puoi ispirare una connessione più profonda con la natura.

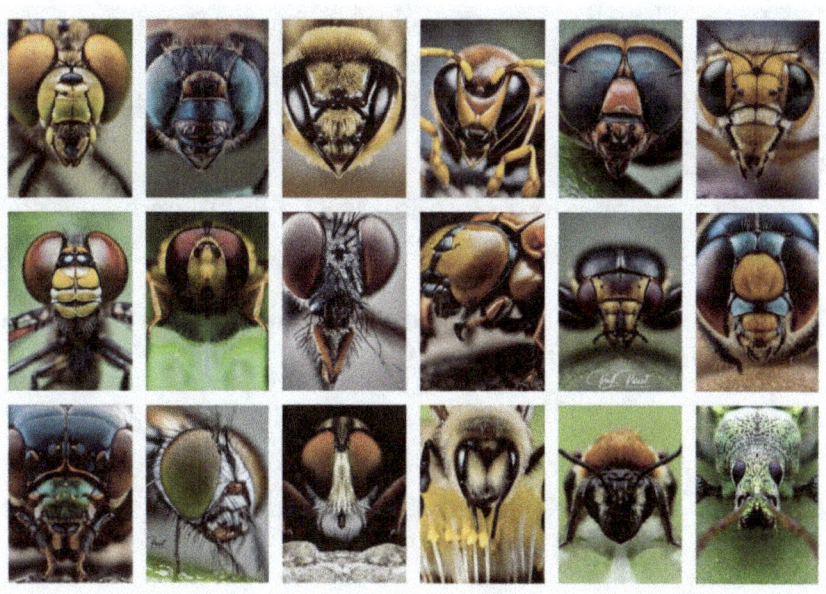

8.   Sostenitore della conservazione:

•   Usa la tua piattaforma e la tua esperienza per sostenere politiche e pratiche che promuovano la conservazione degli insetti.

Scrivere articoli, tenere presentazioni o partecipare a tavole rotonde per sensibilizzare i decisori politici, le parti interessate e il pubblico in generale.

•   Collaborare con scienziati, ricercatori e organizzazioni ambientaliste per sostenere iniziative di conservazione basate sull'evidenza.

Presentando le tue fotografie come prova visiva della bellezza e della vulnerabilità degli insetti, puoi contribuire a dare forma al dialogo sulla conservazione.

Le tue fotografie hanno il potere di suscitare curiosità, favorire l'apprezzamento e ispirare l'azione.

Aumentando la consapevolezza sugli insetti e sulla loro importanza ecologica attraverso la tua macrofotografia, stai aiutando a conservare queste creature vitali e gli ecosistemi in cui vivono.

Abbraccia questo ruolo e lascia che le tue immagini servano da catalizzatore per il cambiamento.

Sostenere iniziative di conservazione degli insetti: usare la propria fotografia per fare la differenza

Come fotografo con la passione per la macrofotografia degli insetti, hai un'opportunità unica per sostenere e contribuire alle iniziative di conservazione degli insetti.

Le tue immagini accattivanti possono aumentare la consapevolezza, ispirare l'azione e contribuire alla conoscenza scientifica di queste incredibili creature.

Ecco alcuni modi in cui puoi utilizzare la tua fotografia per fare la differenza:

1.   Collaborare con organizzazioni di conservazione:

•   Contattare organizzazioni ambientaliste locali e internazionali focalizzate sulla conservazione degli insetti. Offri le tue competenze e fotografie per sostenere le loro campagne, materiali didattici o progetti di ricerca.

•   Collaborare a iniziative congiunte, come eventi di raccolta fondi, mostre o pubblicazioni, per evidenziare l'importanza della conservazione degli insetti e generare sostegno per il loro lavoro.

2.   Dona immagini e royalty:

•   Considera la possibilità di donare una selezione delle tue macrofotografie di insetti a organizzazioni ambientaliste, istituzioni scientifiche o pubblicazioni. Possono utilizzare queste immagini per sensibilizzare, educare il pubblico e generare fondi per i loro sforzi di conservazione.

•   Offritevi di donare una parte dei profitti derivanti dalla vendita delle vostre stampe, libri o merci a organizzazioni per la conservazione degli insetti. In questo modo, le tue fotografie possono contribuire direttamente alla loro sostenibilità finanziaria.

3.   Fare volontariato e partecipare alla scienza dei cittadini:

•   Partecipare a programmi di scienza dei cittadini incentrati sugli insetti. Offri la tua esperienza nella macrofotografia per aiutare a documentare e identificare le specie, fornendo dati preziosi per la ricerca scientifica e gli sforzi di conservazione.

•   Metti a disposizione il tuo tempo e le tue capacità fotografiche per progetti di conservazione incentrati sugli insetti, come il ripristino degli habitat, indagini sugli insetti o programmi di allevamento in cattività.

Le tue fotografie possono documentare il progresso e l'impatto di queste iniziative, creando storie visive che ispirano gli altri a farsi coinvolgere.

4.   Educare e coinvolgere:

•   Condividi la tua conoscenza e passione per gli insetti attraverso workshop online, presentazioni o tutorial. Insegna agli altri l'importanza della conservazione degli insetti, il ruolo degli insetti negli ecosistemi e le minacce che devono affrontare.

•   Collaborare con scuole, centri naturali e organizzazioni comunitarie per offrire programmi educativi o gite didattiche incentrate sulla fotografia degli insetti.

Promuovendo una connessione tra esseri umani e insetti, puoi instillare un senso di gestione e ispirare la prossima generazione di ambientalisti.

5.   Sensibilizzare attraverso mostre e media:

•   Organizzare mostre fotografiche incentrate sulla conservazione degli insetti. Collabora con gallerie, musei o organizzazioni ambientaliste per mostrare il tuo lavoro ed evidenziare l'importanza di proteggere gli habitat degli insetti.

•   Cerca opportunità mediatiche per condividere le tue fotografie e storie con un pubblico più ampio. Scrivere articoli per riviste, giornali o piattaforme online, sottolineando l'importanza ecologica degli insetti e la necessità della loro conservazione.

6.   Utilizzare i social media per il sostegno:

•   Sfruttare il potere delle piattaforme di social media per aumentare la consapevolezza e sostenere la conservazione degli insetti.

Condividi le tue fotografie, storie e contenuti educativi, utilizzando hashtag pertinenti e interagendo con i tuoi follower.

•   Collaborare con altri fotografi, scienziati e ambientalisti su campagne o iniziative sui social media dedicate alla conservazione degli insetti. Amplificando i messaggi di tutti, puoi raggiungere un pubblico più ampio e ispirare un'azione collettiva.

11.   Sostenere la ricerca sulla conservazione:

•   Tieniti informato sulle ricerche in corso e sui progetti di conservazione incentrati sugli insetti. Considera l'idea di sostenere queste iniziative finanziariamente o fornendo le tue capacità fotografiche per documentare il loro lavoro e aumentare la loro visibilità.

• Collaborare con ricercatori e scienziati per catturare immagini di specie di insetti rare o in via di estinzione. Queste fotografie possono contribuire alla loro documentazione scientifica e aiutare a dare priorità agli sforzi di conservazione.

La tua fotografia ha il potere di evocare emozioni, trasmettere storie e ispirare il cambiamento.

Sostenendo le iniziative di conservazione degli insetti attraverso il tuo lavoro, diventi un sostenitore di queste creature vulnerabili e degli ecosistemi in cui vivono.

Usa il tuo talento e la tua passione per avere un impatto positivo, promuovere l'apprezzamento per gli insetti e contribuire alla loro sopravvivenza a lungo termine.

L'importanza della fotografia responsabile: l'etica della macrofotografia degli insetti

Come macrofotografo di insetti, è essenziale dare priorità alle pratiche responsabili ed etiche nella tua professione.

La fotografia responsabile non solo garantisce il benessere e la conservazione dei soggetti catturati, ma promuove anche un impatto positivo sull'ambiente e sul campo più ampio della fotografia macro.

Ecco alcuni motivi chiave per cui la fotografia responsabile è fondamentale:

1. Rispetto per la materia:

• Gli insetti, nonostante le loro piccole dimensioni, sono esseri viventi con comportamenti e ruoli ecologici complessi.

Rispettare il loro comportamento naturale e i loro habitat è essenziale.

• Praticando la fotografia responsabile, mostri rispetto per gli insetti che fotografi, permettendo loro di svolgere le loro attività indisturbati. Ciò include evitare stress inutili, distruzione del loro habitat o interruzione dei loro comportamenti naturali.

2.   Conservazione degli habitat:

• La fotografia responsabile evidenzia l'importanza di preservare gli habitat in cui prosperano gli insetti. Questi habitat forniscono risorse cruciali, come cibo, riparo e siti di riproduzione.

• Essendo consapevoli del vostro impatto sull'ambiente, potete contribuire a conservare questi habitat e ridurre al minimo qualsiasi potenziale interruzione del delicato equilibrio degli ecosistemi.

3.   Conservazione della biodiversità:

• La macrofotografia degli insetti offre un'opportunità unica per documentare e sensibilizzare sull'incredibile biodiversità degli insetti. La fotografia responsabile ti garantisce di contribuire alla documentazione e alla comprensione di queste specie senza danneggiare o impoverire le loro popolazioni.

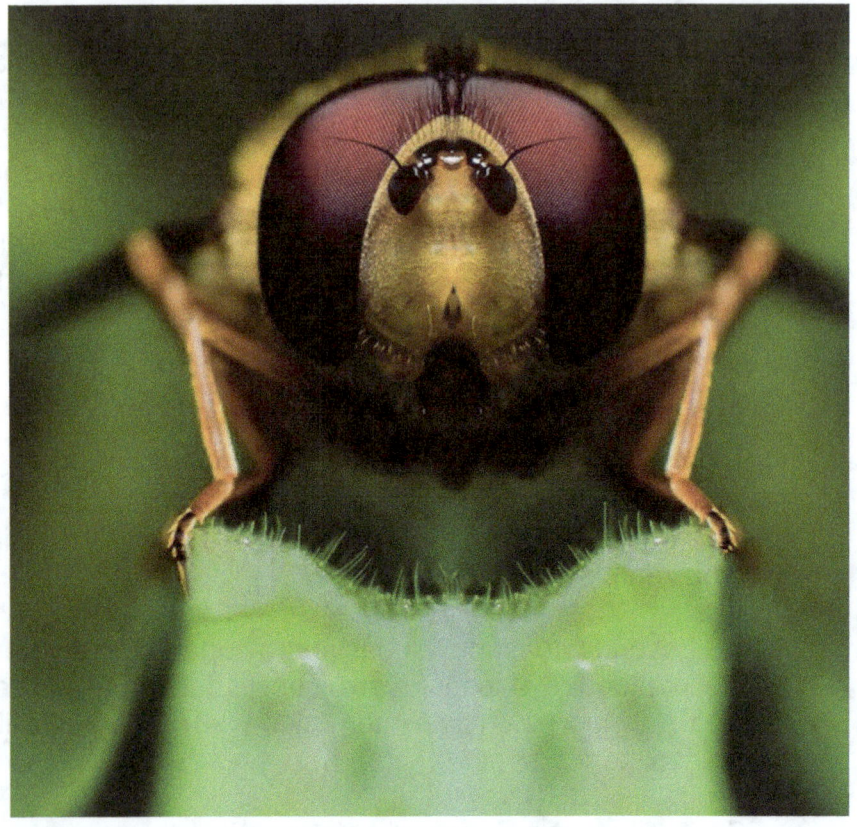

Credito fotografico: Paul Parent, frgs

Macro 200mm f/4, flash R1C1, modalità burst, priorità otturatore

Pubblicato *tra gli altri su* Caters News, Instagram, Twitter, Facebook.

Titolo: Il mio nuovo amico

Catturando immagini di varie specie di insetti, comprese specie rare o in via di estinzione, puoi evidenziare l'importanza della loro conservazione e contribuire alla conoscenza scientifica sulla loro distribuzione e stato.

4.   Evitare pratiche dannose:

•   La fotografia responsabile scoraggia l'uso di pratiche dannose che potrebbero mettere a repentaglio il benessere degli insetti o dei loro habitat. Ciò implica evitare l'uso di sostanze chimiche dannose, pesticidi o tecniche distruttive che potrebbero danneggiare i soggetti o il loro ambiente.

•   Prestare attenzione quando si maneggia o si altera il comportamento naturale degli insetti esclusivamente allo scopo di scattare una foto. Ricorda, il benessere degli insetti dovrebbe sempre avere la precedenza sull'ottenimento della foto perfetta.

5.   Educazione e consapevolezza:

•   La fotografia responsabile va oltre l'atto di catturare immagini. Ciò include l'educazione e la consapevolezza sugli insetti, sulla loro importanza ecologica e sulla necessità della loro conservazione.

•   Usa le tue fotografie come strumenti educativi, sottolineando la bellezza, la diversità e gli intricati dettagli degli insetti.

Accompagna le tue immagini con didascalie o articoli informativi che promuovono una comprensione più profonda di queste creature e del loro ruolo negli ecosistemi.

12.   Fai un esempio positivo:

•   Praticando la fotografia responsabile, dai un esempio positivo ai tuoi colleghi fotografi e appassionati. Le tue azioni possono ispirare gli altri ad adottare pratiche etiche e contribuire al movimento più ampio della fotografia naturalistica responsabile.

•   Condividi le tue esperienze, sfide e apprendimenti con gli altri, sottolineando l'importanza delle considerazioni etiche nella macrofotografia degli insetti. Incoraggiare una comunità che valorizzi il benessere dei soggetti e la preservazione dei loro habitat.

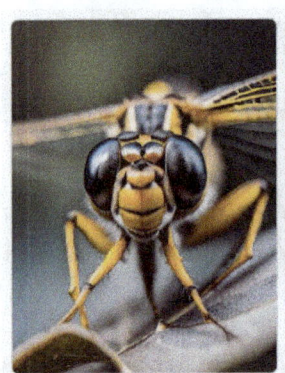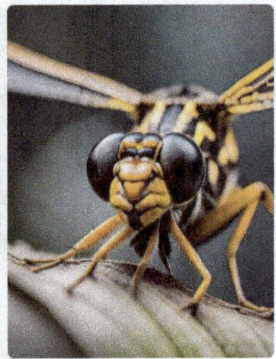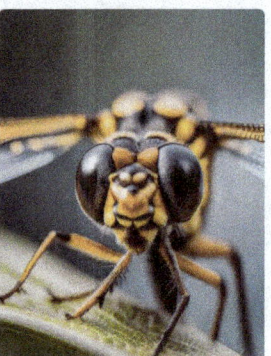

13 DOMANDE FREQUENTI (FAQ)

Ecco alcune domande e preoccupazioni comuni che i fotografi potrebbero avere riguardo alla macrofotografia degli insetti:

1.   Selezione dell'attrezzatura:
•   Quale combinazione di fotocamera e obiettivo è migliore per la macrofotografia degli insetti?
•   Come scegliere l'attrezzatura di illuminazione adeguata per catturare gli insetti da vicino?

2.   Tecnica e parametri:
•   Quali sono le impostazioni della fotocamera consigliate per la fotografia macro di insetti?
•   Come posso ottenere una profondità di campo ridotta mantenendo il soggetto a fuoco?
•   Quali tecniche di messa a fuoco dovrei utilizzare per catturare immagini nitide di insetti?

3.   Composizione e inquadratura:
•   Come posso comporre in modo efficace le mie fotografie macro di insetti per creare immagini visivamente accattivanti?
•   Quali sono alcuni approcci creativi per inquadrare gli insetti nel loro ambiente naturale?

4.   Illuminazione ed esposizione:
•   Come affrontare condizioni di illuminazione difficili nella macrofotografia degli insetti?
•   Quali sono le tecniche migliori per ottenere una corretta esposizione quando si scattano foto macro di insetti?

5.   Considerazioni etiche:
•   Come posso fotografare gli insetti senza causare danni o disagio ai soggetti?

• Quali sono le linee guida etiche per avvicinarsi e maneggiare gli insetti durante la macrofotografia?

6. Post-elaborazione e modifica:
• Quali tecniche di editing sono consigliate per migliorare le fotografie macro di insetti?
• Come posso rimuovere efficacemente distrazioni o elementi indesiderati dalle mie immagini?

7. Identificare gli insetti:
• Come identificare le diverse specie di insetti incontrate durante la macrofotografia?
• Sono disponibili risorse o strumenti per l'identificazione degli insetti?

8. Trova i punti caldi dei bug:
• Dove posso individuare i punti caldi degli insetti per la fotografia macro?
• Esistono habitat o stagioni specifici ideali per fotografare determinate specie di insetti?

9. Sicurezza e protezione:
• Come posso proteggermi da potenziali pericoli quando fotografo insetti sul campo?
• Quali precauzioni dovrei prendere per ridurre al minimo il disturbo agli insetti e ai loro habitat?

10. Condividere e promuovere il lavoro:
• Come posso presentare e condividere le mie macrofotografie di insetti con un pubblico più ampio?
• Quali sono i modi efficaci per promuovere il mio lavoro e creare una presenza online come fotografo macro?

Questi sono solo alcuni esempi delle domande e delle preoccupazioni che i fotografi potrebbero avere quando si tratta di macrofotografia di insetti. Ogni query è un'opportunità per esplorare e conoscere meglio l'affascinante mondo degli insetti e le tecniche necessarie per catturarne la bellezza attraverso la macrofotografia.

Ci auguriamo che questo libro ti abbia fornito conoscenze e approfondimenti per affrontare le domande e le preoccupazioni di cui sopra.

Titolo: Libellula

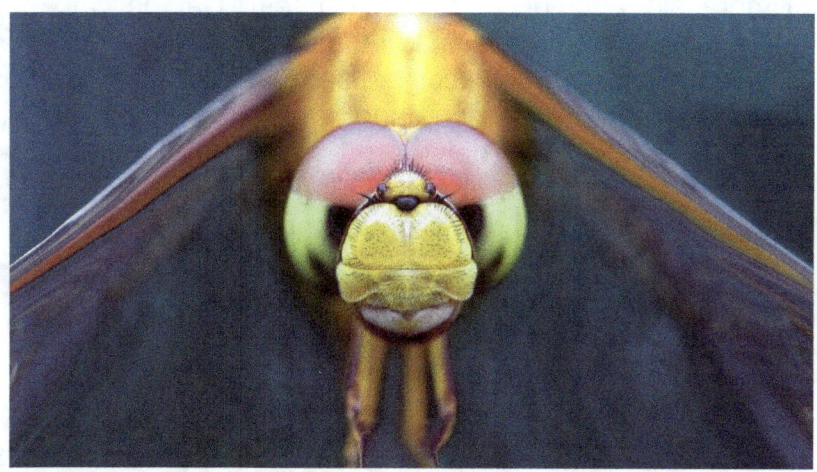

Credito fotografico: Paul Parent, frgs

Macro 105 mm, f/5.6 ISO 320, 1/500, modalità burst, bilanciamento del bianco manuale

Fotografia canadese dell'anno 2008 sulla fauna selvatica (macro), Ottawa Museum of Nature; pubblicato, *tra gli altri* , su Yahoo News, Cater News, National Wildlife, My Modern Met e The MacLean's Magazine.

14 CONCLUSIONE

L'infinita bellezza degli insetti: una celebrazione delle piccole meraviglie della natura

Nel vasto arazzo del mondo naturale, poche creature possono rivaleggiare con l'incantevole bellezza e l'impressionante diversità degli insetti. Dal delicato battito delle ali di una farfalla agli intricati motivi sul corpo di una libellula, questi minuscoli esseri affascinano la nostra immaginazione e ci ricordano la creatività illimitata della natura. Ogni aspetto della loro esistenza, dai colori vibranti alle forme complesse, racconta una storia di adattamento ed evoluzione che dura da milioni di anni.

Entra nell'affascinante mondo degli insetti e scoprirai un caleidoscopio di colori che rivaleggia con i dipinti più mozzafiato.

Le tonalità iridescenti degli scarafaggi brillano come pietre preziose, mentre i delicati petali di un fiore diventano un palcoscenico vibrante su cui ballano gli impollinatori. Dai rossi e arancioni fiammeggianti di una coccinella ai verdi e blu luminosi di un'ape metallica, la tavolozza dei colori degli insetti sembra illimitata, con ogni tonalità realizzata con meticolosa precisione.

Ma non sono solo i colori ad affascinarci: sono anche le loro forme complesse. Le ali di una falena, come delicati lacci delle scarpe, la trasportano per tutta la notte, mentre le sottili antenne di una libellula agiscono come delicati sensori, ascoltando ogni sottile movimento nel suo ambiente. Gli occhi composti di una mosca forniscono un mosaico visivo, e il corpo segmentato di un millepiedi ricorda un intricato puzzle in attesa di essere risolto. Gli insetti sono disponibili in tutte le forme e dimensioni, ciascuno perfettamente adattato per affrontare le sfide del proprio stile di vita specifico.

Eppure, al di là delle loro caratteristiche fisiche, gli insetti svolgono un ruolo cruciale nel mantenimento del delicato equilibrio dei nostri ecosistemi.

Dall'impollinazione alla decomposizione, sono i lavoratori silenziosi che garantiscono la continuità della vita. Mentre navigano nei loro regni microcosmici, diventano ingranaggi essenziali nel complesso meccanismo della natura, spesso inosservati ai nostri occhi occupati.

Ma per apprezzare veramente la loro bellezza è necessario riconoscere il loro contributo vitale e l'interconnessione di tutti gli esseri viventi.

Gli insetti ci offrono una profonda lezione di resilienza. Nonostante le loro piccole dimensioni, hanno conquistato ogni angolo del nostro pianeta, adattandosi a diversi habitat e resistendo alle prove del tempo.

Hanno sviluppato strategie di sopravvivenza che ci stupiscono: mimetizzarsi per mimetizzarsi perfettamente con l'ambiente, sviluppare difese velenose o affidarsi al mimetismo per ingannare i predatori.

Gli insetti incarnano il trionfo dell'ingegno della vita e ci ricordano che anche gli esseri più piccoli possono possedere una forza straordinaria.

Come fotografi, abbiamo il privilegio di catturare scorci di questo mondo e condividerlo con gli altri. Con le nostre lenti possiamo evidenziare i dettagli intricati, i colori mozzafiato e la delicata danza degli insetti.

Possiamo ispirare stupore, suscitare curiosità e creare un senso di meraviglia in coloro che guardano le nostre fotografie. Abbiamo il potere di illuminare la bellezza che spesso passa inosservata, di rivelare i mondi nascosti che esistono appena oltre la nostra percezione.

Celebriamo l'infinita bellezza degli insetti, perché sono gli eroi non celebrati del mondo naturale. Con le loro ali delicate e gli spiriti resistenti, ci ricordano la profonda interconnessione di tutta la vita.

Quindi ammiriamo il loro splendore, proteggiamo i loro habitat e favoriamo un profondo apprezzamento di queste piccole meraviglie che arricchiscono il nostro mondo in modi che stiamo solo iniziando a comprendere.

Considerazioni finali e incoraggiamento

In conclusione, il mondo della macrofotografia degli insetti è un viaggio affascinante nell'affascinante bellezza e nei dettagli intricati delle più piccole creature della natura.

In questo libro abbiamo approfondito l'arte e la scienza di catturare questi magnifici esseri, esplorando le tecniche, le attrezzature e le considerazioni etiche che definiscono questo campo specializzato.

Siamo rimasti stupiti dalla diversità di colori, motivi e forme che possiedono gli insetti, ognuno dei quali è un capolavoro a sé stante.

Dalle delicate ali di una farfalla all'intricato esoscheletro di uno scarabeo, siamo stati testimoni delle infinite meraviglie che si svelano quando ci avventuriamo nel mondo in miniatura degli insetti.

Ma al di là del loro fascino estetico, gli insetti svolgono un ruolo essenziale nella rete della vita. Attraverso l'impollinazione contribuiscono alla propagazione delle piante e al sostentamento degli ecosistemi.

Forniscono servizi inestimabili come decompositori, predatori e prede, mantenendo il delicato equilibrio da cui dipendono interi habitat. Catturando le loro immagini, abbiamo l'opportunità di favorire una comprensione e un apprezzamento più profondi di questi organismi essenziali.

In questo libro abbiamo sottolineato l'importanza della fotografia responsabile, promuovendo pratiche etiche che danno priorità al benessere e alla conservazione degli insetti e dei loro habitat.

Avvicinandoci a loro con pazienza, rispetto e impegno per ridurre al minimo i disagi, possiamo catturare la loro bellezza garantendo al contempo il loro benessere.

Abbiamo esplorato gli aspetti tecnici della macrofotografia degli insetti, dalla scelta della giusta attrezzatura e comprensione dei principi della luce e della composizione al perfezionamento delle nostre capacità di messa a fuoco, profondità di campo e post-trattamento.

Armati di questa conoscenza, siamo meglio attrezzati per catturare immagini straordinarie che riflettono lo splendore degli insetti.

Con la conclusione di questo viaggio, spero che tu abbia acquisito un apprezzamento più profondo per lo straordinario mondo della macrofotografia degli insetti.

Possano le immagini che catturi testimoniare la delicata complessità e la sorprendente diversità di queste piccole ma potenti creature.

Possano ispirare stupore, favorire una connessione con la natura e accendere la passione per la sua conservazione.

Come fotografi, abbiamo un ruolo unico da svolgere nel sensibilizzare l'opinione pubblica e nel sostenere la conservazione di queste piccole meraviglie.

Attraverso la nostra fotografia, possiamo trasportare gli spettatori negli incantevoli regni degli insetti, incoraggiando un senso di meraviglia, curiosità e rispetto per il mondo naturale.

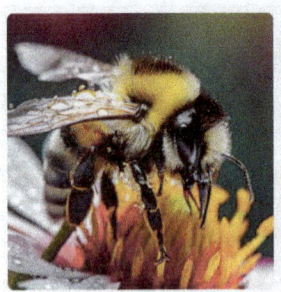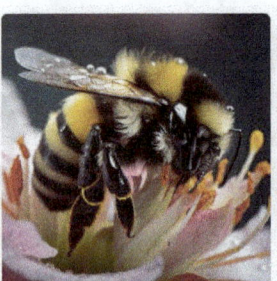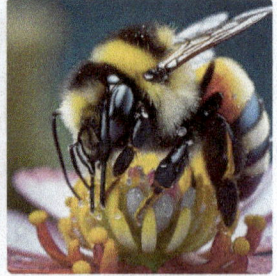

Quindi fai un passo avanti, macchina fotografica in mano, pronto a intraprendere la tua personale odissea nel mondo della macrofotografia degli insetti.

Cerca mondi nascosti, osserva pazientemente il loro comportamento e cattura gli attimi fugaci che rivelano la vera essenza di queste straordinarie creature.

Possano le tue fotografie testimoniare la bellezza duratura e il delicato equilibrio dei complessi ecosistemi in cui abitano gli insetti.

Grazie per esserti unito a noi in questa esplorazione della macrofotografia degli insetti.

Possano i tuoi sforzi fotografici continuare a ispirare, educare e promuovere un profondo apprezzamento dell'affascinante e diversificato mondo degli insetti.

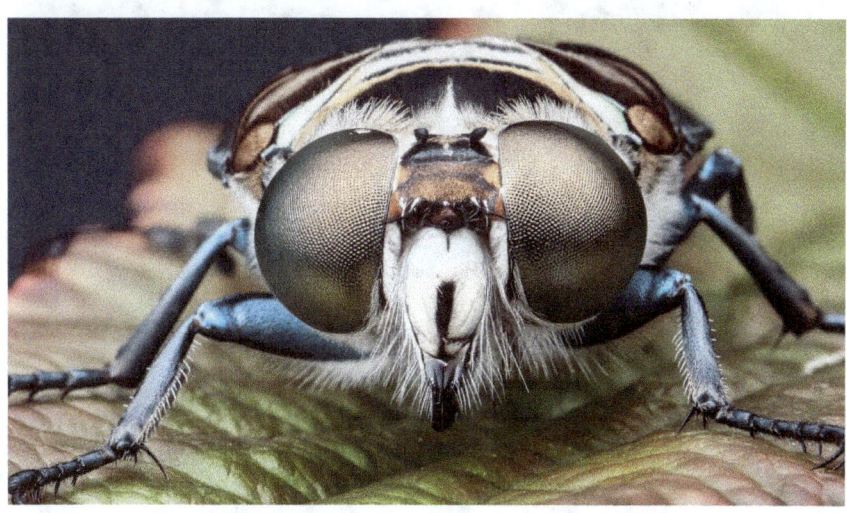

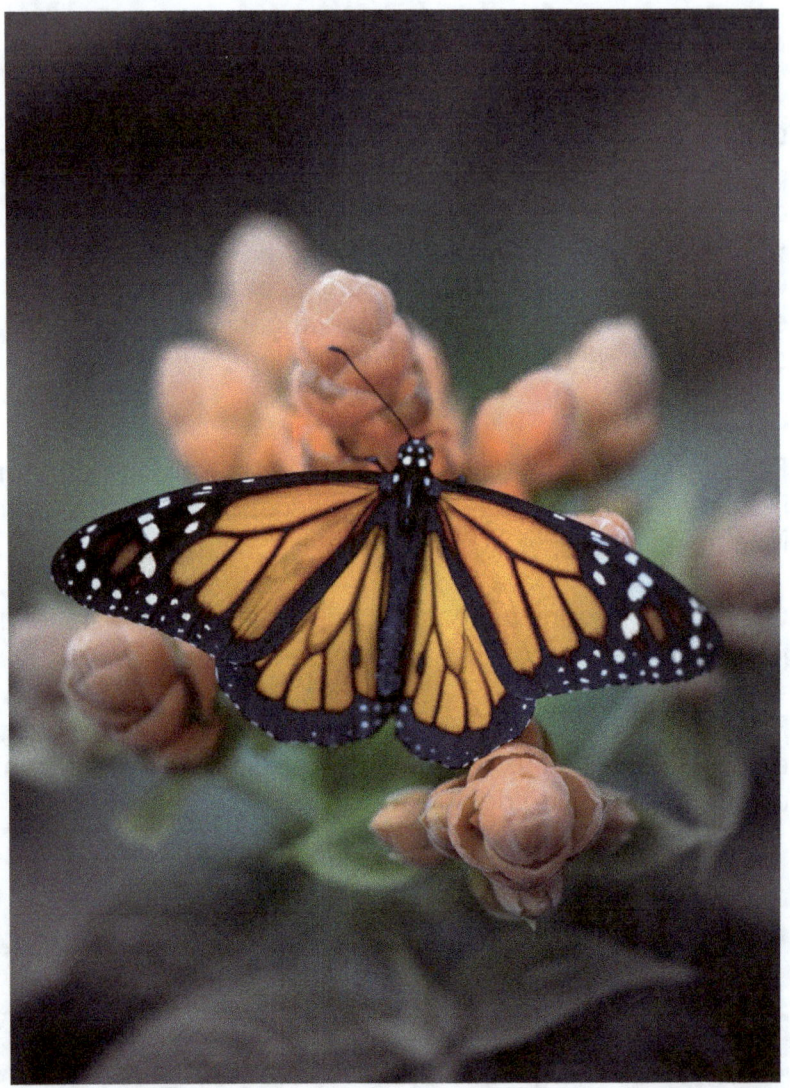

Credito fotografico: Paul Parent, frgs

Macro 150mm, f/5.6, iso 250, 1/150

Ampiamente pubblicato sul Web.

CIRCA L'AUTORE

Paul Parent è un eccezionale fotografo macro di insetti la cui passione per catturare il complesso mondo delle piccole creature gli è valso ampi riconoscimenti e riconoscimenti.

L'interesse di Paul per la fotografia si è naturalmente fuso con il suo amore per gli insetti e altre piccole creature. Armato di un obiettivo macro e di un'insaziabile curiosità, ha intrapreso un viaggio per svelare la bellezza nascosta di queste creature spesso trascurate.

Attraverso il suo obiettivo, ha messo in risalto le delicate ali delle farfalle, gli affascinanti occhi delle libellule e gli intricati motivi degli scarafaggi, consentendo agli spettatori di apprezzare le meraviglie della natura su microscala.

Se desideri esplorare il portfolio fotografico dell'autore, inclusa la macrofotografia di insetti, ti consigliamo di visitare i seguenti siti Web e account di social media:

Link professionale: photolator.com
Link personale: paulparent.org

Professionista di Twitter: @photolator
Twitter personale: @paulparentphoto

Instagram   Professional : photolatorphoto
Staff di Instagram: paulparentphoto

Facebook Professional: cerca "Photolator" nei gruppi

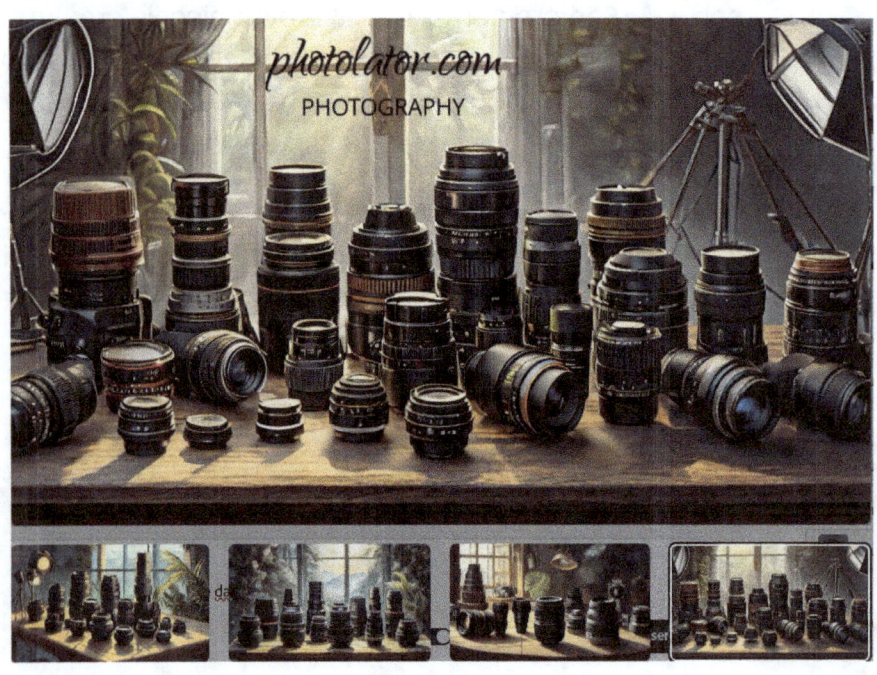

www.ingramcontent.com/pod-product-compliance
Lightning Source LLC
Chambersburg PA
CBHW071044290526
45795CB00004B/1319